まちごとチャイナ

Jiangsu 012 Xuzhou

徐 州

項羽と劉邦
「兵家必争」の地

Asia City Guide Production

【白地図】徐州と江蘇省

CHINA
江蘇省

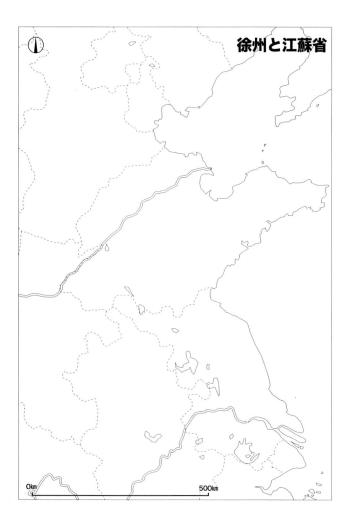

【白地図】徐州

CHINA
江蘇省

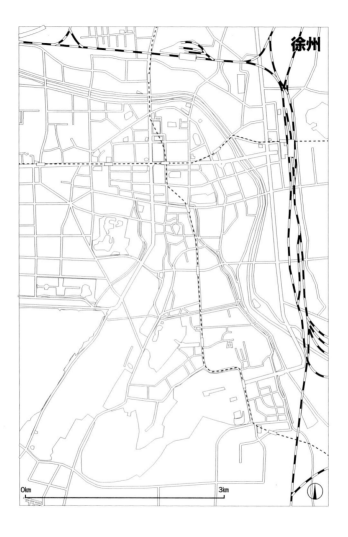

徐州 Xu Zhou 白地図

【白地図】徐州市街

CHINA
江蘇省

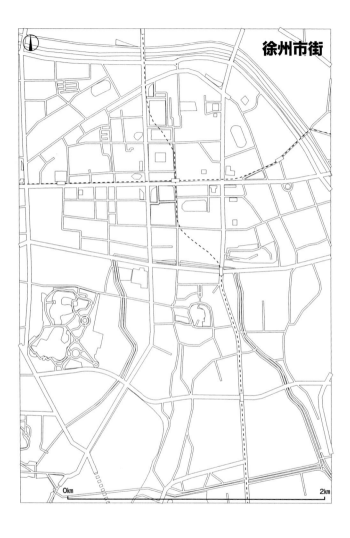

【白地図】徐州旧城

CHINA
江蘇省

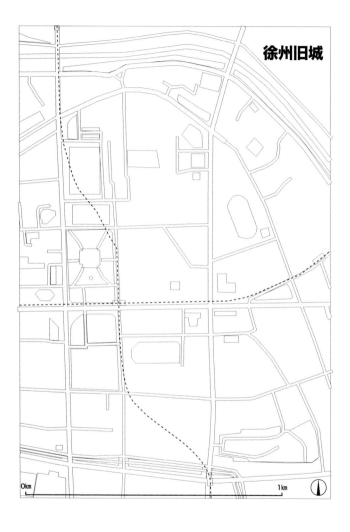

徐州旧城 Xu Zhou 白地図

【白地図】五省通衢

江蘇省

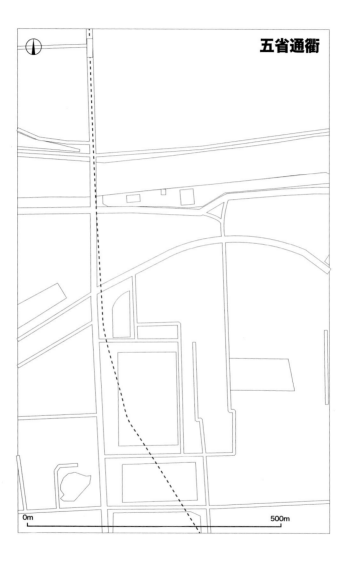

【白地図】徐州駅

CHINA
江蘇省

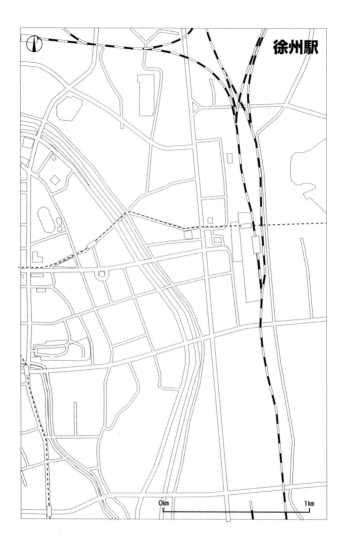

徐州駅

Xu Zhou

白地図

【白地図】彭城路

CHINA
江蘇省

彭城路

Xu Zhou 白地図

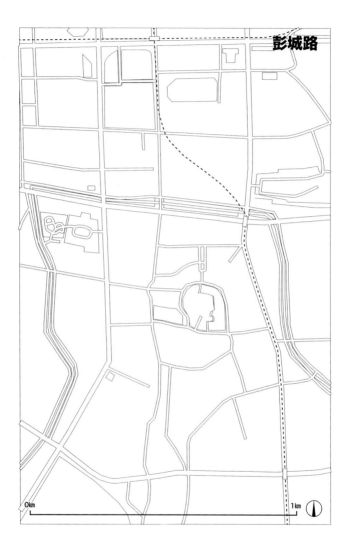

【白地図】戸部山

CHINA
江蘇省

戸部山

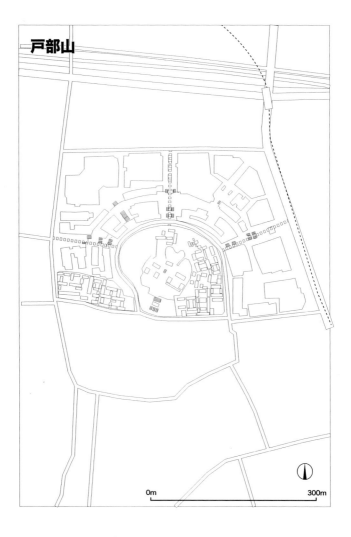

Xu Zhou

白地図

0m 300m

【白地図】雲龍山

CHINA
江蘇省

【白地図】雲龍湖

CHINA
江蘇省

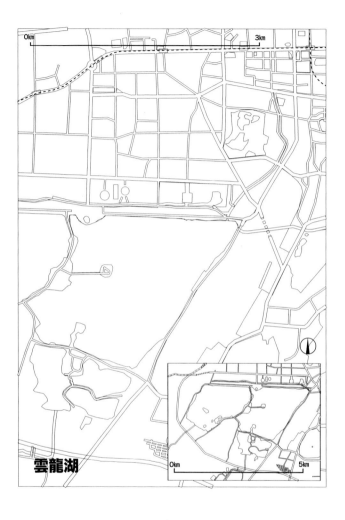

【白地図】徐州南部

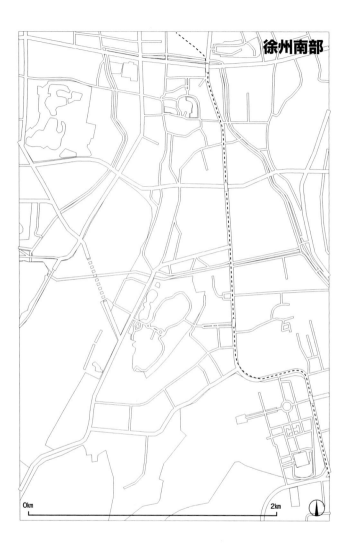

徐州南部

Xu Zhou

白地図

【白地図】獅子山

CHINA
江蘇省

獅子山

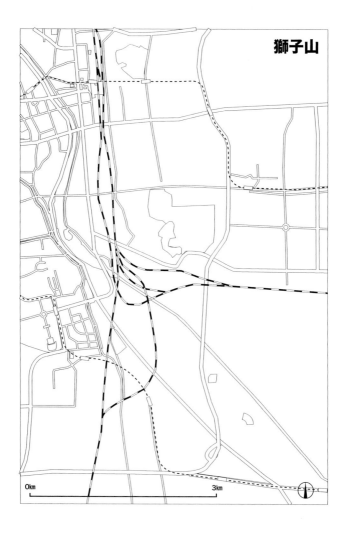

【白地図】徐州郊外

CHINA
江蘇省

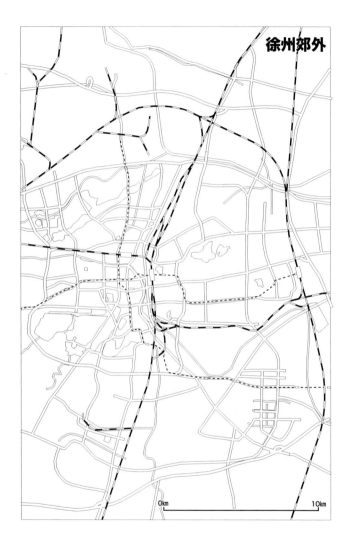

徐州郊外 Xu Zhou 白地図

【白地図】徐州〜沛県

CHINA
江蘇省

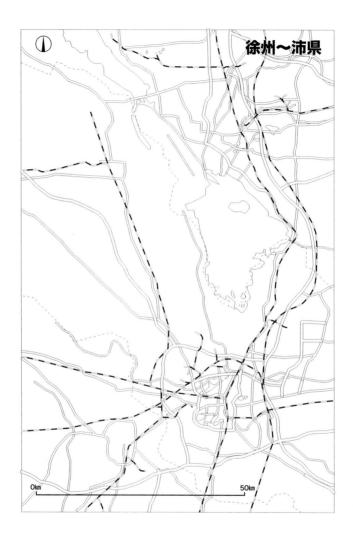

【白地図】沛県

CHINA
江蘇省

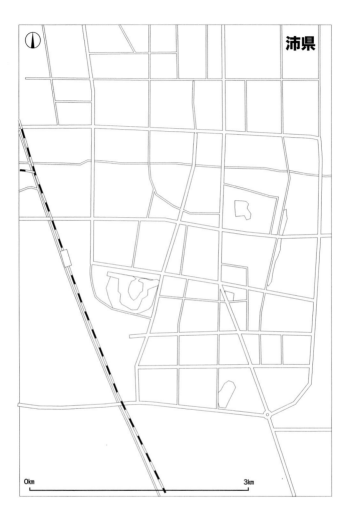

【まちごとチャイナ】

江蘇省 001 はじめての江蘇省

江蘇省 002 はじめての蘇州

江蘇省 003 蘇州旧城

江蘇省 004 蘇州郊外と開発区

江蘇省 005 無錫

江蘇省 006 揚州

江蘇省 007 鎮江

江蘇省 008 はじめての南京

江蘇省 009 南京旧城

江蘇省 010 南京紫金山と下関

江蘇省 011 雨花台と南京郊外・開発区

江蘇省 012 徐州

CHINA
江蘇省

江蘇省に属しながら、山東省、安徽省、河南省との省境に近く、麦やなつめ、コーリャン、とうもろこし、桑畑の続く華北平原に位置する徐州。北京や西安から見れば、南方への入口にあたり、上海や南京から見れば、北方への足がかりになる要地と知られてきた。

徐州という名称は古代中国の地理書『禹貢』にも登場し、神話時代の彭祖が街（彭城）を開いたとされるなど、中国有数の歴史や伝承をもつ。なかでも、秦始皇帝死後の中国の覇権をめぐって、徐州を都とした「項羽（紀元前232～前202年）」

徐州
徐州 Xú zhōu シュウチョウ
Xu Zhou

と、徐州近郊の沛県人「劉邦（紀元前247〜前195年）」による熾烈な戦いの舞台となり、『項羽と劉邦』や『覇王別姫』の物語として親しまれている。

また清代の1855年までの700年ほどのあいだ、黄河は南流してこの街のほとりを流れ、徐州は江南の物資を北京へ送る大運河の要衝でもあった。項羽と劉邦、漢代の兵馬俑坑が出土する伝統ある古都という面をもつほか、現在は、連雲港から徐州を通って、はるか西欧（オランダ）へ続く「新シルクロード」の中継地としても注目されている。

【まちごとチャイナ】

江蘇省012 徐州

目次

徐州	xxxii
徐州制す者が中国制す	xxxviii
徐州旧城城市案内	lv
五省通衢鑑賞案内	lxxv
徐州駅城市案内	lxxxviii
戯馬台城市案内	xcvi
項羽と劉邦の天下争い	cxvi
戸部山鑑賞案内	cxxv
雲龍山城市案内	cxxxvii
雲龍湖城市案内	cliii
徐州南部城市案内	clxii
獅子山城市案内	clxxiii
徐州郊外城市案内	clxxxii
沛県城市案内	cxci
城市のうつりかわり	ccvi

【MEMO】

【地図】徐州と江蘇省

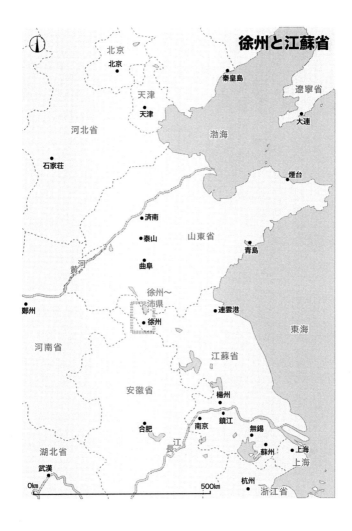

徐州
制す者が中国制す

CHINA
江蘇省

戦国時代の『尚書・禹貢』にも見える徐州の名
京滬鉄道（南北）と隴海鉄道（東西）が交わる要衝で
項羽、劉邦、劉裕たちを生んだ覇王、帝王の郷

四通八達「兵家必争の地」

標高30〜40mの華北平原が広がるなか、丘陵に囲まれた徐州は自然の砦で、戦いが起こるとまず争奪目標となる街であった。三国時代（220〜280年）、曹操、劉備、呂布、袁術が徐州をめぐって戦ったのをはじめ、南北朝時代（420〜589年）は北朝と南朝が徐州をめぐって激しい戦いを繰り広げた。近現代の蒋介石と日本軍、国民党と共産党にいたるまで、2000を超す戦いが徐州とその近郊で行なわれ、徐州の争奪で勝敗が決まることが多かった。一方、『禹貢』に示された「（広域の）徐州」、彭祖が開いた「彭城（徐州）」、春秋

Xu Zhou

徐州制す者が中国制す

時代に覇王の会盟が行なわれた「徐州」というように、地名は古いものの、街の位置が各時代で大きく変動していて、これらの徐州は、現在の徐州とは場所や意味あいが異なる場合が多い。こうした徐州変遷の原因のひとつとなったのが、暴れ川として知られる黄河で、現在の徐州は明(1368〜1644年)代以降、黄河故道(旧河道)に開けた。徐州の近郊には煤や鉄、石炭などの豊富な鉱物が埋蔵されていることでも知られる。

CHINA
江蘇省

帝王の郷、徐州人の活躍

紀元前221年に中国を統一した秦の始皇帝。その死後の天下をめぐって兵をあげた項羽（徐州南の下相出身）、劉邦（徐州北の沛県出身）はじめ、彼らの家臣の范増、蕭何、韓信、樊噲らはいずれも徐州や徐州近郊を出自とし、紀元前202年、秦に続く漢朝が開かれた（徐州に都をおいた項羽を、劉邦が破って長安に漢王朝が樹立された）。徐州には劉邦一族を王とする楚国がおかれ、漢王族の陵墓の「漢墓」、漢代の絵画が刻まれた「漢画像石」、陵墓に陪葬された「漢兵馬俑」の漢代三絶が徐州にそろっている。また漢の劉邦（高祖）と同

▲左 彭城路に位置する戸部山文化市場。　▲右 街角にかざられていた「鼎(かなえ)」、項羽は鼎をもちあげたという

様に、農民から皇帝にまでのぼりつめた明の朱元璋(洪武帝)も徐州近郊の沛県に祖籍をもつ。そのほか、北伐して祖先の地徐州を奪還した南朝宋の武帝劉裕(363〜422年)、徐州あたりで流浪生活を送っていた南唐先主李昇(888〜943年)、道教教団五斗米道の創始者の張陵(34〜156年)らも徐州ゆかりの人物として知られる。

南であり、北である

中国の風習、言語、食文化は淮河をもって南北にわかれると言われるなか、徐州は淮河以北に位置する。徐州の地は江蘇

CHINA
江蘇省

省の北端にあたり、蘇州、揚州、鎮江、省都南京といった江南の街々から遠く離れ、1949年の中華人民共和国成立直後、山東省に属していた（1953年に江蘇省に編入された）。江蘇省南部と上海では「呉方言」、南京では「南京官話」が話されているが、徐州では華北と同じ北方方言の「北京語（普通語）」が話されている。また麦と羊肉の好まれる徐州の食文化は、米と魚が食べられる蘇南とは大きく異なり、気候は温和ではっきりとわかれた四季がめぐる。徐州は北中国と南中国の緩衝地帯として、北から見れば「南国重鎮」、南から「北門鎖」と見られてきた。

徐州制す者が中国制す　Xu Zhou

▲左　北方と南方の様式をかねそなえた徐州の建築。　▲右　項羽と劉邦の戦いで知られる項羽の戯馬台にて

徐州の構成

明代の1624年に当時、南流していた黄河の洪水をこうむり、その後、新たに徐州旧城が造営された（それ以前の街は「城下城」と呼ばれ、地下に残る）。徐州旧城は、黄河故道（旧河道）にそうように城壁をめぐらせた「かまぼこ型」のプランをもつ。その南東端が「快哉亭」、南西端が「燕子楼」あたりで、北の頂部に「五省通衢（牌楼）」が残る。徐州旧城の南城外に立つ戯馬台（南山）は、かつて項羽が閲兵を行なった場所で、さらにその南側に徐州きっての景勝地である雲龍山、南西に雲龍湖が広がる（また戯馬台を中心に、漢代陵墓が曼荼

CHINA
江蘇省

羅を描くように徐州郊外に位置する)。近代になって、徐州旧城の東城外に鉄道駅ができ、さらに東郊外 10 kmの地に高鉄の徐州東駅が整備された。徐州旧城が手ぜまになったこともあって、旧城南東郊外で徐州新市街の開発も進んでいる。

【MEMO】

Xu Zhou

徐州制す者が中国制す

【MEMO】

【MEMO】

徐州制す者が中国制す

【地図】徐州

【地図】徐州の [★★★]
- [ ] 戯馬台 戏马台 シイマアタァイ

【地図】徐州の [★★☆]
- [ ] 徐州旧城 徐州旧城 シュウチョウジィウチァアン
- [ ] 彭城広場 彭城广场 パンチャアングゥアンチャアン
- [ ] 五省通衢 五省通衢 ウウシェントォンチュウ
- [ ] 彭城路 彭城路 パンチャアンルウ
- [ ] 徐州博物館 徐州博物馆 シュウチョウボオウウグゥアン
- [ ] 徐州電視塔 徐州电视塔 シュウチョウディエンシイタア
- [ ] 雲龍湖 云龙湖 ユンロォンフウ

【地図】徐州の [★☆☆]
- [ ] 中山路 中山路 チョンシャンルウ
- [ ] 徐州黄河故道 徐州黄河故道 シュウチョウフゥアンハアグウダァオ
- [ ] 徐州駅 徐州站 シュウチョウヂヤン
- [ ] 子房山 子房山 ヅウファンシャァン
- [ ] 雲龍山 云龙山 ユンロォンシャン
- [ ] 燕子楼 燕子楼 イエンツウロウ
- [ ] 徐州芸術館 徐州艺术馆 シュウチョウイイシュウグゥアン
- [ ] 彭園 彭园 パンユゥエン
- [ ] 淮海戦役烈士紀念塔 淮海战役烈士纪念塔 フゥアイハァイヅャンイイリイシイジイニィエンタア
- [ ] 漢橋 汉桥 ハァンチャオ

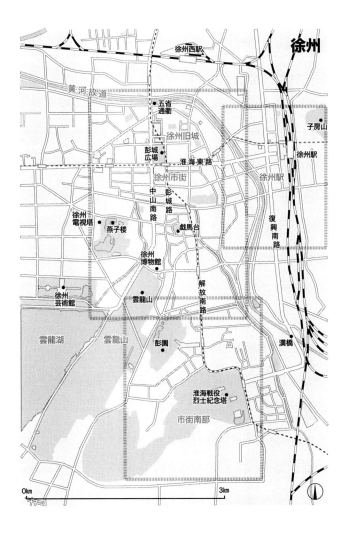

徐州制す者が中国制す

【地図】徐州市街

【地図】徐州市街の [★★★]
- ☐ 戯馬台 戏马台 シイマアタァイ
- ☐ 戸部山古民居 户部山古民居 フウブウシャングウミィンジィウ

【地図】徐州市街の [★★☆]
- ☐ 徐州旧城 徐州旧城 シュウチョウジィウチャアン
- ☐ 彭城広場 彭城广场 パンチャアングゥアンチャアン
- ☐ 五省通衢 五省通衢 ウウシェントォンチュウ
- ☐ 黄楼 黄楼 フゥアンロォウ
- ☐ 彭城路 彭城路 パンチャアンルウ
- ☐ 崔家大院 崔家大院 ツゥイジィアダアユゥエン
- ☐ 徐州博物館 徐州博物馆 シュウチョウボオウグゥアン
- ☐ 徐州電視塔 徐州电视塔 シュウチョウディエンシイタア
- ☐ 雲龍湖 云龙湖 ユンロォンフウ

【地図】徐州市街の [★☆☆]
- ☐ 天主教堂 天主教堂 ティエンチュウジィアオタァン
- ☐ 中山路 中山路 チョンシャンルウ
- ☐ 快哉亭公園 快哉亭公园 クゥアイザァイティンゴォンユゥエン
- ☐ 徐州古城壁 徐州古城墙 シュウチョウグウチャァンチィアン
- ☐ 徐州黄河故道 徐州黄河故道 シュウチョウフゥアンハアグウダアオ
- ☐ 戸部山文化市場 户部山文化市场 フウブウシャンウェンフゥアシイチャァン
- ☐ 雲龍山 云龙山 ユンロォンシャン
- ☐ 放鶴亭 放鹤亭 ファンハアティン
- ☐ 燕子楼 燕子楼 イエンツウロウ

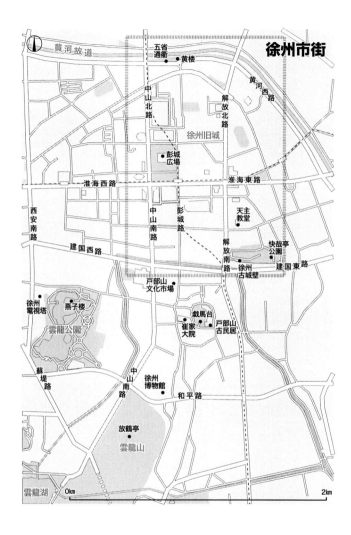

【MEMO】

CHINA
江苏省

【MEMO】

徐州制す者が中国制す

【MEMO】

Guide,
Xu Zhou Jiu Cheng
徐州旧城
城市案内

1855 年まで本流だった黄河そばに築かれた徐州旧城
徐州文廟や徐州古城壁を残す一方
彭城広場を中心に開発が進む

徐州旧城 徐州旧城
xú zhōu jiù chéng シュウチョウジィウチャアン [★★☆]

徐州（彭城）という地名は古くから知られ、江蘇省でもっとも早い紀元前573年に街が造営されたと伝えられる（しばしばその場所は変わっている）。現在の徐州旧城は明（1368～1644年）代に築かれ、1624年の黄河の洪水のあと、1635年に再建された（街は厚さ1～5mの泥をかぶり、このときから旧城南の戸部山に富裕層が暮らすようになった）。かつて徐州旧城は周囲に城壁をめぐらせ、城郭の南東隅に「快哉亭」、南西隅に「燕子楼」、北東に「彭祖楼」、中央北部に「覇王楼」、

【地図】徐州旧城

【地図】徐州旧城の ［★★☆］
- ☐ 徐州旧城 徐州旧城シュウチョウジィウチァアン
- ☐ 彭城広場 彭城广场パンチャアングゥアンチャアン
- ☐ 五省通衢 五省通衢ウウシェントォンチュウ
- ☐ 黄楼 黄楼フゥアンロゥウ
- ☐ 彭城路 彭城路パンチャアンルウ

【地図】徐州旧城の ［★☆☆］
- ☐ 彭城壹号 彭城壹号パァンチャアンイイハァオ
- ☐ 鐘鼓楼 钟鼓楼チォングウロウ
- ☐ 天主教堂 天主教堂ティエンチュウジィアオタァン
- ☐ 徐州文廟 徐州文庙シュウチョウウェンミャオ
- ☐ 中山路 中山路チォンシャンルウ
- ☐ 快哉亭公園 快哉亭公园
  クゥアイザァイティンゴォンユゥエン
- ☐ 徐州古城壁 徐州古城墙シュウチョウグウチャァンチィアン
- ☐ 徐州黄河故道 徐州黄河故道
  シュウチョウフゥアンハアグウダァオ

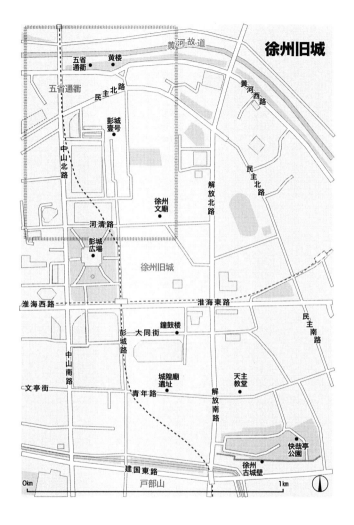

【MEMO】

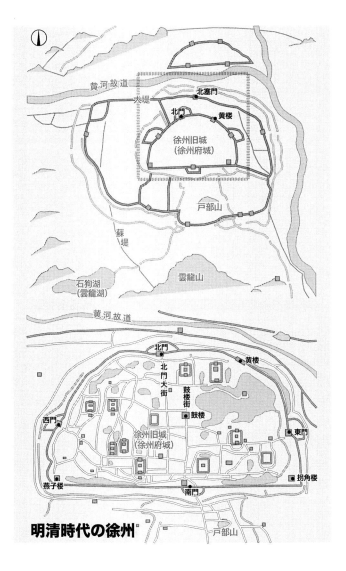

徐州旧城城市案内

CHINA
江蘇省

また黄河に面して「黄楼」の立つたたずまいを見せていた。明清時代の徐州旧城は南北大街と東門あたりが繁華街で、現在も当時のにぎわいを受け継ぐように、中山路と彭城路が南北に、東門外に徐州駅が位置する。

彭城広場 彭城广场 péng chéng guǎng chǎng
パンチャアングゥアンチャアン ［★★☆］

彭城広場は、南北に走る中山路、彭城路と、東西に走る淮海路の交わる徐州旧城の中心に立つ大型複合施設。この地では1986年、彭城広場の地下から遺跡「城下城（明代以前の徐

▲左　徐州中心部の繁華街に立つ彭城広場。　▲右　徐州旧城では過去と未来が交錯する

州旧城)」が発掘されていて、古さと新しさをかねそなえた「游憩商業区」として1998年に完成した。「鼎」型の平面プランをもち、人びとの集まる「中心広場」、空間を彩る「音楽噴泉」はじめ、ファッション、ビジネス、レジャー、休暇をテーマにした店舗やオフィスが入居する。また周囲には「中央国際広場」「天成国際広場」「蘇寧広場」「百貨大楼」などがならび、徐州最大の商圏をつくっている。

CHINA
江蘇省

徐州の料理

江蘇省にありながら、淮河以北の徐州一帯では、コーリャン、小麦、大麦、粟、大豆などが栽培される。徐州の料理は、北の山東料理と南の江蘇料理に影響を受けていて、南方ではあまり食さない羊肉も親しまれている。徐州料理「羊方蔵魚」は、北方でそれほど好まれない魚を、こっそりと羊肉の鍋のなかに入れておいたところ、美味になったことからはじまるという（皿のうえで「魚」と「羊」がならぶことから、「鮮」という漢字の由来になったとされる）。また街の歴史の深さを映すように、劉邦の功臣で犬の屠殺業を出自とする樊噲（〜

紀元前 189 年）ゆかりの犬肉料理「沛公狗肉」、徐州の官吏として赴任し、治水を成功させた蘇東坡（1036 〜 1101 年）へ百姓が届けた肉を、逆に調理してふるまった「東坡回贈肉」も知られる。蘇東坡は徐州の料理を「虜饌（北方のえびすの料理）」と呼んで南方の料理を好んだが、徐州料理に大きな足跡を残し、エビ料理の「酔青蝦」、カエル料理の「金蟾戯珠」なども蘇東坡ゆかりの料理となっている。

CHINA
江蘇省

彭城壹号 彭城壹号 péng chéng yī hào
パァンチャアンイイハァオ［★☆☆］

徐州旧城の中心部に位置する彭城壹号は、項羽（紀元前232〜前202年）の西楚故宮があった場所と伝えられる。秦滅亡後、天下に号令する覇王となった項羽は、この地の宮殿で愛妾虞美人とともに暮らしたという（漢の起こるまでの紀元前207〜前202年、徐州を都とする項羽の「楚」があった）。その後も、徐州の地方政府はここにおかれ、徐州の政治、経済の中心地となってきた。かつては項羽と虞美人をまつる3層の覇王楼が立っていたが、現在はファッション、レストラ

▲左 彭城一号界隈には徐州政府がおかれてきた。　▲右 大看板がならぶ、徐州は江蘇省北部の消費都市でもある

ンの集まる商業施設の彭城壹号となっている。

鐘鼓楼 钟鼓楼 zhōng gǔ lóu チョォングウロウ ［★☆☆］

徐州旧城の大同街に立つ高さ20m、5層からなるレンガ製方形の鐘鼓楼。1931年に建てられ、火災警報を知らせる役割があったことから、「望火楼」と呼ばれた。その後、1932年に時計がとりつけられ、現在の姿となった。また徐州が日本の侵攻を受けたときには、この鐘鼓楼は防空楼という役割を果たしたこともある。

江蘇省

天主教堂 天主教堂
tiān zhǔ jiào táng ティエンチュウジィアオタァン [★☆☆]

徐州旧城の一角に位置するキリスト教会の天主教堂。徐州では、清朝光緒帝の1886年、カトリックのガン神父が城郭東南隅で布教をはじめた（迫害を受けることもあった）。この天主教堂は1910年に竣工し、当時、江蘇省でも最大の教会だった。十字架の載る主楼は、5層からなり、レンガと窓枠の赤色の調和が美しい。

徐州旧城城市案内 | Xu Zhou

徐州文廟 徐州文庙
xú zhōu wén miào シュウチョウウェンミャオ［★☆☆］

「学問の神様」孔子がまつられた徐州文廟。宋代（960～1279年）の創建とされ、その後、元代1351年の重修をへて、明代（1368～1644年）に現在の姿となった。文廟と学校をかねた性格から、「学宮」とも呼ばれ、現在、徐州第二中学の敷地となっている。

江蘇省

劉邦を助けた城隍神

中国の伝統的な都市には、必ず「都市の守り神(城隍神)」をまつる城隍廟があった。その街に貢献した人物が城隍神となる場合が多く、徐州では項羽と劉邦による楚漢戦争のときの武将紀信がまつられていた(紀信は張良や樊噲とともに鴻門の会にも参加している)。紀元前204年、劉邦は5、60万の大軍をひきい、項羽留守の徐州(楚の都だった彭城)を制圧し、財産や美女を手に入れた。これに激怒した項羽は3万人の精鋭をひきいて、劉邦の大軍を破り、栄陽(鄭州)で劉邦は楚軍に囲まれた。このとき将軍紀信が「自らを劉邦だ」

徐州旧城市案内 Xu Zhou

▲左　徐州旧城の一角、こぢんまりとした通り。　▲右　徐州のキリスト教会の天主教堂

といつわって降伏し、楚軍が勝利を確信しているあいだに、劉邦本人は生命からがら脱出した。やがて嘘の見破られた紀信は項羽によって焼き殺されたが、のちに劉邦の生命を助けた恩人として徐州の守り神となった。徐州城隍廟は、明（1368〜1644年）代初期に建てられ、季節の行事を祝う廟会が開かれて徐州人に親しまれていたが、現在、姿は変わり、城隍廟遺址となっている。

CHINA
江蘇省

中山路 中山路 zhōng shān lù チョンシャンルウ [★☆☆]
中山路は徐州南北を結ぶ大動脈で、北（中山北路）は黄河を越えて続き、南（中山南路）は雲龍湖へいたる。この中山路と淮海路が交わるあたりが徐州の繁華街となっていて、周囲には彭城広場はじめ、大型商業店舗がずらりとならぶ。1950年代に中山路として整備される以前の明清時代は南北大街と呼ばれ、この大通りから徐海道署（道台衙門）のあった文亭街や石磊巷など、歴史ある通りや路地が伸びる。

快哉亭公園 快哉亭公园 kuài zāi tíng gōng yuán
クゥアイザァイティンゴォンユゥエン [★☆☆]

唐代、陽春亭のあった場所に、宋代の 1017 年、李邦直が建立したという快哉亭(「快哉亭」という名称は、1077 年に蘇東坡によって名づけられた)。徐州旧城の南東隅にあたり、南西隅の燕子楼、北東隅の彭祖楼とともに徐州を彩る楼閣のひとつであった。幾度も再建を繰り返し、高さ 11.5m、幅 6m の現在の建物は 1981 年に再建された。

江蘇省

徐州古城壁 徐州古城墙 xú zhōu gǔ chéng qiáng
シュウチョウグウチャァンティアン ［★☆☆］

明清時代、徐州の街をぐるりと囲んでいた徐州古城壁。たび重なる戦乱や黄河の決壊から、徐州を守る城壁は破壊と再建を繰り返してきた。1928年の中華民国時代、劉峙の命で徐州旧城の城壁はほとんどとり壊されてしまったが、ここ快哉亭公園にその一部の150mほどが残る（中国の街を「城市」と呼び、西安や山西省平遙では今も昔の城壁が街をとり囲んでいる）。

【MEMO】

Guide,
Wu Sheng Tong Qu
五省通衢
鑑賞案内

中国各省へ通ずることから
かかげられた「五省通衢」の扁額
徐州旧城北城外には黄河故道が流れる

五省通衢 五省通衢
wǔ shěng tōng qú ウウシェントォンチュウ [★★☆]

古くから中原と江南を結ぶ交通の要衝で、現在は江蘇省、山東省、河南省、安徽省の4つの省の境に位置する徐州。五省通衢（北牌楼）は、黄河に面した門状の紀念碑で、清代の1818年、運河交通を管理する河道総督の黎世序によって建てられた。当初、その北側の扁額に「大河前横」と刻まれていたが、1883年、徐州官吏の趙椿平が四通八達のこの地の交通をたたえて「五省通衢」の扁額を南側にかかげた。中央1門、両脇2門からなる牌楼は、黄色の瑠璃瓦と極彩色の装飾、

【地図】五省通衢

【地図】五省通衢の [★★☆]
- ☐ 五省通衢 五省通衢ウウシェントォンチュウ
- ☐ 黄楼 黄楼フゥアンロォウ
- ☐ 徐州旧城 徐州旧城シュウチョウジィウチャアン
- ☐ 彭城広場 彭城广场パンチャアングゥアンチャアン

【地図】五省通衢の [★☆☆]
- ☐ 鎮河鉄牛 镇河铁牛チェンハアティエニィウ
- ☐ 徐州黄河故道 徐州黄河故道 シュウチョウフゥアンハアグウダァオ
- ☐ 彭城壹号 彭城壹号パァンチャアンイイハァオ
- ☐ 徐州文廟 徐州文庙シュウチョウウェンミャオ
- ☐ 中山路 中山路チョンシャンルウ

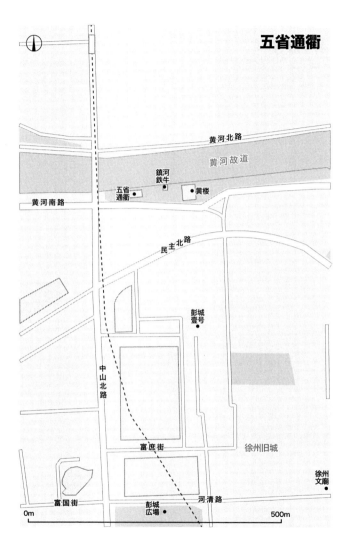

CHINA
江蘇省

赤色の柱という派手なたたずまいを見せる。この五省通衢に象徴されるように、徐州は4つの省の境（辺境）であったがゆえ、無法者や匪賊が跋扈する土地でもあり、また皇帝や豪傑の生まれやすい風土だとされた。

徐州黄河故道 徐州黄河故道 xú zhōu huáng hé gù dào
シュウチョウフゥアンハアグウダァオ［★☆☆］

全長5464 km、華北を流れる黄河は、南の長江とならぶ大河。一匹の暴れ龍のように、泥（黄土）を下流に流し、徐州をふくむ華北平原はこの黄河の堆積によって形成された（黄河中

▲左 かつての黄河本流、徐州黄河故道。 ▲右 徐州のシンボルでもある五省通衢

流域で古代中国文明は育まれた)。黄河は大きく川筋を変えること26度、1875年以後、渤海湾へいたる現在の流れ（北流）となっているが、それ以前の1128年から1855年まで黄河は、淮河に合流するルート（南流）で、徐州を通っていた。黄河故道は当時の黄河本流で、徐州はたびたび氾濫や洪水を受け、この流れが運河の役割を果たすこともあった。北宋の蘇東坡は堤防をつくって徐州の街を守り、また明代の洪水では戸部山に官庁が遷ることになった。李自成や蒋介石は黄河を決壊（南流）させることで、敵に打撃をあたえたり、侵入を防ぐといった作戦をとった。

江蘇省

鎮河鉄牛 镇河铁牛
zhèn hé tiě niú チェンハアティエニィウ [★☆☆]

五省通衢（北牌楼）のそばに残る鎮河鉄牛。黄河の旧河道に発展した徐州では、氾濫や水害がたえなかった。中国では「牛は水を沈める」と信じられ、この鎮河鉄牛は高さ1m、長さ2m、重さ500キロになる。清代の1799年に鋳造された。

黄楼 黄楼 **huáng lóu フゥアンロォウ** [★★☆]

黄河故道のほとりに立つ北宋の蘇東坡（1036～1101年）ゆかりの黄楼。蘇東坡が徐州官吏をつとめていた1077年、徐

Xu Zhou

五省通衢鑑賞案内

州の上流で黄河が決壊し、洪水となって徐州へ押し寄せた(当時、黄河は現在と同じ北流)。蘇東坡は徐州を守るため、街を見捨てようとする人たちを説得し、数週間家に帰らず、洪水対策にあたった。45日ののち、黄河の河道はもとに戻り、その後、蘇東坡は朝廷に書簡を送って資金(3万貫をこす下賜金、7200人分の人夫賃)を要求し、3万の軍民をひきいて堤防と黄楼を完成させた。1078年9月9日、その盛大な落成式と宴が行なわれ、黄土を資材とし、「水受制干土、土実勝水(土が水を制する)」というところから、黄楼と名づけられた。蘇東坡は弟の轍とともに船から黄楼をながめ、「十

CHINA
江蘇省

月十五日観月黄楼席上次韻」という詩を詠んでいる。当初、この黄楼は東門にあったが、徐州旧城の北大門にあたる現在の場所で、1988年、再建された。

徐州と蘇東坡

蘇東坡（1036〜1101年）は、北宋を代表する文人（書家）、官吏で、王安石らの新法派と対立し、しばしば左遷の憂き目にあった。杭州、密州、湖州などに赴任し、1077〜1079年（1年11か月）、徐州官吏（知事）をつとめ、行政官としても卓越した手腕を発揮している。徐州時代の蘇東坡は、洪水から

▲左　開発が進み、高層ビルも林立するようになった。　▲右　蘇東坡ゆかりの黄楼、黄色の瑠璃瓦でふかれている

街を守るために堤防（蘇堤）を築き、堤防は徐州旧城西側から南側へと走っていた。蘇東坡に感謝した人びとは、肉や野菜を献上したが、その材料を使って蘇東坡が逆に料理をふるまったとも伝えられる（「東坡回贈肉」。そのほか蘇東坡によるエビ料理の「酔青蝦」、カエル料理の「金蟾戯珠」なども伝わっている）。また徐州近郊には、良質の青石（御影石）、鉄、石炭などが埋蔵されていて、蘇東坡はこうした鉱物の開発にも積極的だったという。

CHINA
江蘇省

大運河の要となった徐州

南北で収穫、産出される農産物や物資が異なる中国では、運河を開いて物資を運搬し、互いに利をはかってきた。運河は紀元前の春秋戦国時代に開削がはじまり、宋国が済水と泗水（徐州）を連結し、呉が長江と淮河を結んだ。これら各地の運河を隋の煬帝が610年につなぎあわせて京杭大運河が完成した。中国王朝の都が、西安・洛陽（隋唐）、開封（宋）、北京（元・明・清）と東遷するなかで、これら華北の都に、経済力に勝る江南の物資を運ぶ必要にせまられていた。元代の1289年、江南から直接、北京方面へのぼる運河が開削され、

とくに明代の徐州は淮安とならんで京杭大運河の要衝だった（当時、南流していた黄河の流れが運河として使われ、天津〜徐州間を「北河」、徐州〜淮安間を「中河」、淮安〜揚州間を「南河」と呼んだ）。徐州あたりは散財する岩や河床の状態から、糧船が大破することもめずらしくない天下の要害とされた。漕運総兵官がおかれたほか、食糧を備蓄する広運倉も徐州にあり、2000人の労働者が安全な運河交通を下ざさえした。その後（明代）、徐州の東方に新たな京杭大運河が整備されると、徐州商人の利益はおびやかされ、運河の街としての役目を終えた。

CHINA
江蘇省

項羽と劉邦の育った泗水

山東省陪尾山から南西に流れて、曲阜、江蘇省沛県、徐州、宿遷と流れ、淮河に合流する全長355kmの泗水（泗河）。のちに漢の皇帝となる劉邦は沛県泗水の亭長を出自とし、劉邦と戦った項羽も泗水の流れる宿遷に生まれ、徐州を都とした経緯がある。また泗水は孔子ゆかりの曲阜を流れることから、儒学は「泗水の学」と呼ばれた。古くは中原と南方を結ぶ南北交通に使われ、黄河は1875年までこの泗水を流れるルート（本流）だった（徐州から南は現在の徐州黄河故道にあたる）。

【MEMO】

Guide, Xu Zhou Zhan
徐州駅城市案内

CHINA
江蘇省

南北を結ぶかつての大運河は
京滬線にとって替わられた
この街の玄関口のひとつ徐州駅

徐州駅 徐州站 xú zhōu zhàn シュウチョウヂヤン ［★☆☆］
徐州旧城の東門外側に 1909 年から建設がはじまった徐州駅。北京と上海を結ぶ京滬線と、海岸部と内陸部を結ぶ隴海線がここ徐州駅で交わる（1915 年に開封～徐州間の隴海線開通）。鉄道や人の往来にあわせて、旧城東門がにぎわい、徐州駅界隈には大型店舗が集まるようになった。21 世紀に入ってからは駅の大型化が進んだほか、現在は徐州市街東 10 km 郊外に高速鉄道の徐州東駅が位置する。

子房山 子房山 zǐ fáng shān ヅウファンシャァン [★☆☆]

徐州駅の背後（東側）に位置し、雲龍山、九里山、戸部山とともに徐州をとりまく高さ 127m の子房山。項羽と劉邦の戦いのとき、劉邦側の名臣張良（〜前 168 年）がここで「簫（笛）」をふいて楚軍を退却させたという。また始皇帝暗殺を試みて失敗した張良が亡命した場所だとも伝えられる。こうした経緯から、鶏鳴山と呼ばれていたこの山は、張良（張子房）にちなむ子房山と名づけられた。張良像と張良の祠（子房祠）が立ち、「子房簫声（張良の笛の音）」として徐州の景勝地のひとつとなっている。

【地図】徐州駅

【地図】徐州駅の ［★★☆］
- [ ] 徐州旧城 徐州旧城シュウチョウジィウチァアン

【地図】徐州駅の ［★☆☆］
- [ ] 徐州駅 徐州站シュウチョウヂヤン
- [ ] 子房山 子房山ヅウファンシャァン
- [ ] 清真寺 清真寺チィンチェンスウ
- [ ] 快哉亭公園 快哉亭公園 クゥアイザァイティンゴォンユゥエン
- [ ] 徐州古城壁 徐州古城墻シュウチョウグウチァァンチィアン
- [ ] 徐州黄河故道 徐州黄河故道 シュウチョウフゥアンハァグウダァオ
- [ ] 和平大橋 和平大桥ハァピンダアチャオ

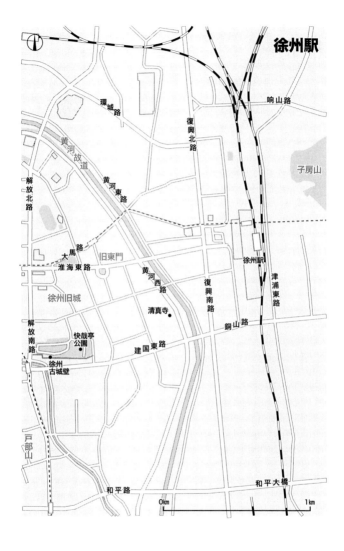

Xu Zhou

徐州駅城市案内

清真寺 清真寺 qīng zhēn sì チィンチェンスウ ［★☆☆］

旧黄河沿いを走る黄河西路に残る清真寺（モスク）。明清時代から、徐州には多くのイスラム商人が暮らしていたが、現在の清真寺は20世紀以後に建てられたもの。緑色のドームを載せ、周囲にはイスラム教徒が集住している。

▲左　南北の交通の要衝である徐州駅。　▲右　駅前にはいくつもの路線バスが集まる

Xu Zhou

徐州駅城市案内

近代の徐州と日本

1937年に日中戦争がはじまると、翌年、日本軍は南北から徐州をはさみうちにする徐州作戦を実施し、このときの従軍記である火野葦平『麦と兵隊』は120万部のベストセラーとなった（火野葦平は芥川賞作家）。一方、同時期にほとんど同じ場所にいた映画監督小津安二郎もこの『麦と兵隊』や「麦の海なり麦畑を横切って進む行軍」についての印象を記している。当時、徐州には抗日拠点があったため、日本人の居住が認められていなかったが、1938年の日本軍による徐州占領後、領事館がおかれ、徐州を中心とする蘇淮特別区（傀儡

CHINA
江蘇省

政権)が発足した。徐州地方が穀倉地帯であったため、三井と三菱が小麦の買いつけを行ない、徐州は華北への食料供給拠点となっていたという(徐州には、日本人、台湾人、韓国・朝鮮人が計1万5千人暮らしていた)。また日本と徐州の関係を語るうえで、卑弥呼が魏に使いを送った3世紀の「銅出徐州、師出洛陽」の銘文をもつ三角縁神獣鏡が日本の古墳から出土している。この場合の徐州とは、広いこの地方一帯をさす。

Guide, Xi Ma Tai
戯馬台
城市案内

CHINA
江蘇省

徐州旧城の南門城外にそびえる戯馬台
項羽が閲兵を行なった場所とされ
周囲には徐州の魅力を伝える遺構も多い

彭城路 彭城路 péng chéng lù パンチャアンルウ ［★★☆］
彭城路は、徐州市街を南北につらぬくこの街有数の繁華街。大型商業店舗の集まる彭城広場から、戯馬台のある戸部山方面へと続く。ちょうど徐州の中軸線にあたり、「戸部山」と記された牌楼や戸部山文化市場が立ち、周囲には文廟などの遺構も残る。1928年に徐州旧城の城壁がとり払われ、旧城外だった戯馬台も市街と一体化した。

戸部山文化市場 户部山文化市场 hù bù shān wén huà shì chǎng **フウブウシャンウェンフゥアシイチャァン** [★☆☆]

徐州旧城側から見て、戯馬台（戸部山）へのちょうど入口付近にあたる彭城路に位置する戸部山文化市場（戸部山商城）。この地方の民芸品、古玩具もあつかう大型商業店舗で、項羽と劉邦が活躍した徐州の特色が打ち出されている。

石磊巷にあった華佗廟

後漢末ごろに活躍した医師の華佗（〜207か208年）は、徐州から遠くない沛国の譙（安徽省亳県）の出身で、徐州で諸

【地図】彭城路

【地図】彭城路の [★★★]
- [ ] 戯馬台 戏马台 シイマアタァイ
- [ ] 戸部山古民居 户部山古民居 フウブウシャングウミィンジィウ

【地図】彭城路の [★★☆]
- [ ] 徐州旧城 徐州旧城 シュウチョウジィウチャアン
- [ ] 彭城広場 彭城广场 パンチャアングゥアンチャアン
- [ ] 彭城路 彭城路 パンチャアンルウ
- [ ] 崔家大院 崔家大院 ツゥイジィアダアユゥエン
- [ ] 徐州博物館 徐州博物馆 シュウチョウボオウウグゥアン

【地図】彭城路の [★☆☆]
- [ ] 鐘鼓楼 钟鼓楼 チョォングウロウ
- [ ] 天主教堂 天主教堂 ティエンチュウジィァオタァン
- [ ] 中山路 中山路 チョンシャンルウ
- [ ] 快哉亭公園 快哉亭公园 クゥアイザァイティンゴォンユゥエン
- [ ] 徐州古城壁 徐州古城墙 シュウチョウグウチャアンチィアン
- [ ] 戸部山文化市場 户部山文化市场 フウブウシャンウェンフゥアシイチャァン
- [ ] 馬市街 马市街 マアシイジエ
- [ ] 馬市街SHA湯 马市街SHA汤 マアシイジエシャアタァン
- [ ] 雲龍山 云龙山 ユンロォンシャン

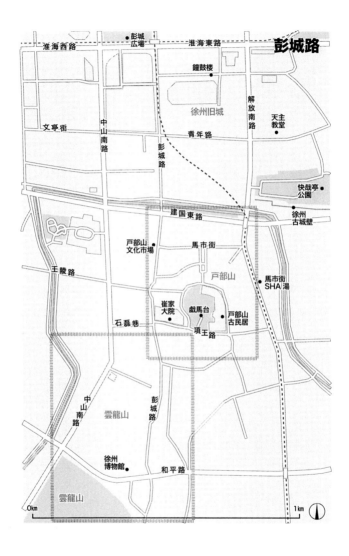

CHINA
江蘇省

子百家の思想や医術を学んだ(張仲景とならぶ名医とされる)。世界ではじめて全身麻酔による外科手術を行なったほか、「人は適度な運動を行なうことで健康を保てる」という考えから発明された「五禽戯(虎、鹿、熊、猿、鳥の動きを真似た気功)」が伝わっている。また同郷の曹操の侍医でもあり、華佗が針をさすと曹操の頭痛やめまいは即座に治ったという。のちに、沛県に華祖廟、徐州に紀念墓を建てることで、人びとは華佗をたたえた。徐州には華佗廟がいくつか残るが、石磊巷にあった華佗廟がもっとも由緒正しいものだった。

▲左　古い徐州の面影を今に伝える彭城路。　▲右　こちらは石磊巷、戯馬台界隈では街歩きを楽しみたい

神医華佗とは

内科、外科、婦人科、小児科、鍼灸など幅広い分野をあつかった天才医師の華佗（〜207か208年）。とく西欧の医師たちより1500年以上も前に、全身麻酔による外科手術（開腹して病巣を切除する方法）を行なったことから、「外科手術の祖」とされる。このとき華佗の使った「麻沸散」という麻酔薬は、大麻などではないかと目されていて、華佗はペルシャとゆかりがあったとされる。曹操の侍医から離れ、郷里での暮らしを望んで士官をこばんだため、華佗は曹操の怒りを買って獄中に入れられ、そこで死んだ。死にあたって、「人の生命を

江蘇省

救えるという華佗の書」を、獄吏が受けとらなかったため、のちの世に華佗の術が伝わることはなかった。

馬市街 马市街 mǎ shì jiē マアシイジエ [★☆☆]

戯馬台北側を東西に走る馬市街。明清時代、徐州は馬の繁殖地として知られ、戸部山の麓で馬市が開かれていた。馬市街という名前はその名残りで、現在は問屋や商店がならぶ。

馬市街 SHA 湯 马市街 SHA 汤 mǎ shì jiē shá tāng
マアシイジエシャアタァン ［★☆☆］

徐州を代表するスープ料理を出す老舗の馬市街 SHA 湯（陀湯）。濃厚な絶品スープはにわとりの肉、ぶたの腿肉、麦の実、しょうが、山椒などをあわせて 10 時間以上煮こんでつくられている。このスープの歴史は、清朝の乾隆帝（在位 1735 〜 95 年）が、南巡にあたって徐州を訪れた時代にまでさかのぼる。馬市街の店舗からただよう香りにたちどまった乾隆帝は、スープを飲んで舌鼓を打った。「これはなんというスープか？」という乾隆帝の問いに対して、料理人は「シャータ

CHINA
江蘇省

ン(湯)」と答えた。漢字名を尋ねる皇帝に対して、漢字の得意でなかった料理人は即席で「食」偏に「它」と書いた。そのため漢字にない「食它」湯(shá tāng)が生まれることになった。

彭祖の羹(スープ)

長らく親しまれた徐州の古名彭城は、800歳まで生きたという彭祖にちなむ。古代、神話上の帝王堯は暦法を定め、治水を進めたが、過労から病になって何も口に受けつけなくなった。そこで彭祖が、自らの養生法と料理技術をもちいて雉羹

▲左　徐州ゆかりの品々がならぶ戸部山文化市場。　▲右　徐州料理は江蘇料理と山東料理双方から影響を受けた

スープ（キジのスープ）をつくると、堯は一気に飲みほし、体力を回復させた。この功績で、大彭氏国（徐州）に封じられた彭祖の雉羹スープは「天下第一羹」と呼ばれた。このスープは調味料を加えず、肉を煮た汁で味を出したもので、当時、油で炒めるという調理法がなかったため、「羹（あつもの、スープ）」は最高の料理だった。こうした経緯もあって徐州は、中華料理の発祥地のひとつと見られ、漢代以前、中国を代表する食の都でもあった。

江蘇省

戯馬台 戏马台 xì mǎ tái シイマアタァイ ［★★★］

徐州旧城の南城に立つ高さ82.5mほどの丘陵の戸部山(南山)の南斜面に残る戯馬台。秦を滅亡させた「西楚の覇王」項羽は、紀元前206年、徐州に都を定めた(秦の都のあった西安から、自らの故郷楚の地に遷都した)。項羽は徐州から自らが分封した18の王に号令し、ここ戯馬台で楚軍の兵や軍馬を視察する閲兵や、戦勝の祝宴を行なったという。項羽死後も徐州を見渡せる風光明媚の地として知られ、宋の武帝劉裕や官吏がこの地で歓迎の宴、送別の宴を行ない、酒を酌み交わした(また9月9日重陽節では宴会が催された)。戯馬台

▲左　戯馬台に立つ楚漢戦争の兵士と馬。　▲右　赤壁の奥に項羽像が見える

には、台頭寺、三義廟、聳翠山房などの遺構が残り、明万暦帝時代の1583年、徐州戸部分司主事の姜士昌が立てた「戯馬台」の石碑が立つ。また戦時には防御に優れた要塞にもなり、1938年の徐州会戦では40万人の大軍で日本軍を迎え撃った李宗仁の司令所があった。

【地図】戯馬台

【地図】戯馬台の [★★★]
- [ ] 戯馬台 戏马台シイマアタァイ

【地図】戯馬台の [★★☆]
- [ ] 徐州漢文化景区（獅子山漢楚王墓）徐州汉文化景区 シュウチョウハァンウェンフゥアジィンチュウ
- [ ] 雲龍湖 云龙湖ユンロォンフウ

【地図】戯馬台の [★☆☆]
- [ ] 北洞山漢墓群 北洞山汉墓群 ベイドォンシャンハァンムウチュン
- [ ] 亀山漢墓 龟山汉墓グイシャンハァンムウ
- [ ] 徐州黄河故道 徐州黄河故道 シュウチョウフゥアンハアグウダァオ
- [ ] 京杭大運河 京杭大运河ジィンハァンダアユンハア

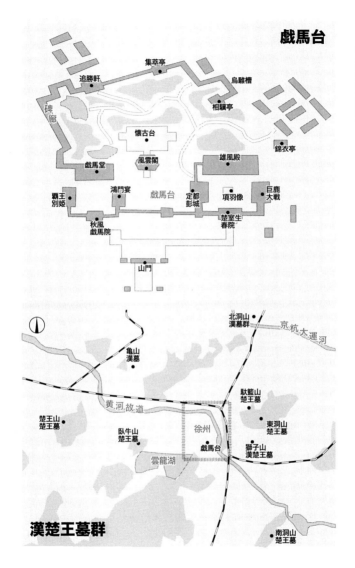

CHINA
江蘇省

天下無双の項羽

中華統一を進める秦に対し、紀元前223年、楚軍をひきいて敗れた祖父項燕を、項羽(紀元前232～前202年)は尊敬していたという(項という姓は項村を本籍としたことによる)。下相(宿遷)で楚の貴族の家に生まれた項羽は、舜と同じように、二重の瞳をもち、190cmの体格で、重厚な鼎をもちあげたと伝えられる。始皇帝(紀元前259～前210年)の巡回を目のあたりにした項羽は、「あいつにとって代わってやるぞ」と言い、父の項梁は「馬鹿なこと言うんじゃない。一族みなごろしにあうぞ」とたしなめたという(一方の劉邦は「あ

Xu Zhou　戯馬台城市案内

あ、男子たるもの、こうありたいものだ」と言ったという）。若いころの項羽は、書を学んでも、剣を学んでもすぐに放り出した。「書は自分の名前が書ければよい、剣はひとりを相手に戦うものだ、万人を相手に戦う術を学びたい」というのが理由であった。楚の上将軍として倒秦の最高指揮官であった項羽は、70あまりの戦いで、最後に劉邦に負けるまで敗北を知らない豪傑であった。力づくによる政治、論功行賞をしぶったこと、始皇帝以来の関中（西安）から離れて故郷に都をおいたこと、などが項羽が劉邦（漢の高祖）に敗れた理由にあげられる。

江蘇省

戯馬台の寺院や廟

仏教は前漢(紀元前202〜8年)末に中国に伝わり、後漢(25〜220年)初に徐州に広まったという。戯馬台には、宋の皇帝劉裕(358〜422年)によって建てられた台頭寺があり、徐州を代表する古刹として知られてきた。また徐州太守に任じられた蘇東坡は、月夜、戯馬台台頭寺を訪れて「台頭寺歩月得人字」を詠っている。明代の隆慶年間(1567〜1572年)、徐州知州が台頭寺を三義廟に替え、劉備、関羽、張飛がまつられるようになった。同じく、明代、黄河の水害をさける目的もあって、裕福な官吏や商人がこの山に暮らすようになり、

戯馬台城市案内

▲左　明万暦帝時代の1583年、戸部分司の姜士昌が立てた石碑。　▲右　風雲閣はじめ項羽ゆかりの楼閣や亭が続く

戸部山と名前を変えた。また清朝末期、図書館、教育施設をかねる聳翠山房も建てられた。

徐州に凱旋した劉裕

南北朝（5〜6世紀）時代、華北（徐州）を北方民族に奪われた漢族は南京を都とし、北方騎馬民族と対峙するようになった。のちに宋の武帝となる劉裕（358〜422年）は、徐州西郊外の村に祖籍をもち、漢の劉邦一族（楚国の劉交）の子孫であると自認した。劉裕の祖先は、徐州から長江南の鎮江に遷り、そこは北府軍団の根拠地だった（南徐州と呼ばれ

CHINA
江蘇省

ていた)。軍人として頭角をあらわした劉裕は、409年、南燕国を破るなど北方討伐に成果をあげ、ついには漢族の悲願である西安奪回に成功した。この遠征では徐州が拠点となり、418年、劉裕は徐州劉公の墓に詣り、戯馬台で宴を開くなど、しばらく南京に凱旋しなかった。劉裕の勢力は誰もが認めるほどに高まり、宋公から宋王、やがて禅譲のかたち420年皇帝となり、宋王朝が誕生した。

項羽と劉邦の天下争い

CHINA
江蘇省

淮水ほとりに住む民は真珠と魚を出したという
徐州は広義の楚文化の北端にあたった
楚の復興こそ、楚人すべての願いだった

楚と秦の統一、そして

長江流域を拠点とした楚は、左前の「楚服」、「多」ではなく「夥」とやりとりする「楚語」、呪術的要素が強い「信仰(老子の思想は南方から生まれた)」はじめ、暦や文字、社会制度、習俗が中原諸国とは大きく異なった。この楚は中原からは蛮夷とされていたが、雲夢という藪沢を抱え、春秋戦国時代(紀元前770〜前221年)を通じて大国であった(戦国七雄のひとつ)。春秋から戦国時代へ遷ると、西方の秦の勢力が拡大し、紀元前278年、長江流域にあった楚の都である「郢」は陥落した。楚は拠点を東に遷して淮河流域の「陳」を都とし、徐

Xu Zhou

項羽と劉邦の天下争い

州は楚文化の北東端にあたった。紀元前221年、秦の始皇帝によって中華は統一されたが、法による統治を行き渡らせようとする急進的なやりかたは各地で反発を招いた。のちに反秦の兵をあげる項羽（紀元前232〜前202年）の祖父項燕は、楚の将軍で秦に最後まで抵抗したことで知られる。「楚は三戸といえども、秦を滅ぼすものは必ずや楚ならん」という言葉がまことしやかにささやかれ、徐州やその近郊の旧楚の地には陳勝、呉広、項梁、項羽、范増、劉邦、韓信、張良といった、やがて反秦の兵をあげる人たちがそのときを待っていた。

江蘇省

秦への蜂起、楚人ぞくぞく

始皇帝（紀元前259〜前210年）がなくなると、秦への蜂起が旧楚の地から起こった。紀元前210年、中国で最初の農民反乱である陳勝・呉広の乱が起き、旧楚の首都であった「陳」を都として「張楚（偉大なる楚）」を樹立。この反乱にあわせて、項梁とその子の項羽、また沛県の劉邦も兵をあげた。陳勝・呉広の乱はおさまったものの、火の手は全国に広がり、項梁・項羽の軍師范増は羊飼いをしていた楚の懐王の子孫を見つけ出し、紀元前208年、新たに楚王（懐王）が即位した。楚軍の拠点は徐州におかれ、桁はずれの軍事力、卓越した統率力

▲左　紀元前3世紀の楚漢戦争時代の装備。　▲右　戯馬台ではしばしば宴も催された

をもつ項羽は、楚の上将軍となった。楚の懐王は「最初に（秦の都のある）関中をおさえたものをこの地の王とする」と告げ、反乱軍（楚軍）は秦の都咸陽（西安）を目指した。項羽は秦の名将章邯を帰順させるなど、秦の主力軍を破りながら、咸陽（西安）に向かったが、その項羽よりいち早く関中入りを果たしたのが、農民出身で、徐州郊外沛県の亭長あがりの劉邦であった。劉邦は「方三章（殺人、傷害、窃盗のみ罰す）」を出し、咸陽（西安）の人びとから歓迎された。

江蘇省

「鴻門の会」から楚漢戦争へ

先に関中に入った劉邦と、遅れてやってきた項羽は西安郊外の鴻門の会で対面した。項羽陣営は劉邦の暗殺を試みるが、劉邦は部下たちの機知で脱出し、力に勝る項羽が改めて咸陽（西安）に入り、劉邦はそこから退いた（このとき項羽は阿房宮を燃やし、財宝の略奪を行なった）。やがて徐州に凱旋した項羽は、紀元前206年、楚懐王を義帝とし、自らは「西楚の覇王」として天下に号令することになった。劉邦は関中のなかでもさびれた巴蜀に、「漢中の王」として分封され、のちの漢という国名はここに由来する。やがて名目ばかりと

Xu Zhou

項羽と劉邦の天下争い

なった義帝（懐王）は暗殺されるが、そのことが劉邦による項羽討伐の大義となり、項羽と劉邦の戦いがはじまった。紀元前205年、50万の劉邦軍は項羽不在の徐州を落として略奪したが、やがて精鋭3万をひきいて戻った項羽に破れ、生命からがら逃げ出すといった具合だった。こうしたなか、劉邦配下の韓信が北東方面の斉を制圧し、にらみをきかせたこともあって、項羽と劉邦は和議を結び、東西にわかれて統治するかに見えたが、隙をついて劉邦が項羽を垓下に追い込んだ。

CHINA
江蘇省

『四面楚歌』と漢朝樹立

敵陣営の四方から自らの故郷楚の歌が聞こえてくる『四面楚歌』となった項羽は「力は山を抜き、気は世をおおう。ときに利あらず、騅もゆかず。騅ゆかざれば、いかにすべきか。虞や虞やなんじをいかんせん」と謡い、やがて果てた（項羽の愛妾虞美人も自決した）。項羽と劉邦の戦いは、「旧秦地（西安）」に都をおいた農民出身の劉邦、「旧楚地（徐州）」に都をおいた名門武家出身の項羽の争いであり、秦代以来の中央集権の郡県制と、王を各地に分封する封建制の戦いでもあった（劉邦軍の首脳陣は沛県人・楚人だったが、兵の大部分

Xu Zhou

項羽と劉邦の天下争い

▲左　項羽と劉邦の戦いでは数々の名場面が生まれた。　▲右　力は山を抜いたという西楚の覇王こと項羽

は秦人であった)。劉邦は山東省定陶付近で皇帝高祖となり、徐州には楚国がおかれて自らの一族を王とした。それは漢成立後も、旧楚地は郡県制ではなく、封建制でおさめることを意味した。漢代は400年（紀元前202〜8年の前漢、25〜220年の後漢）続き、漢字と呼ばれる中国の文字、儒教の国教化など、現在の中国に続く流れがつくられた。また秦から漢へ遷るなかで、徐州を都とする国家「楚」が紀元前210〜前202年のあいだ存在し、司馬遷は秦や漢など歴代王朝とならんで、項羽を本紀に記している。

Guide,
Hu Bu Shan
戸部山
鑑賞案内

徐州旧城外のかつて南山と呼ばれた地
明代以降、徐州の富豪たちが邸宅を構え
戸部山古民居と呼ばれる建築群が残る

戸部山古民居 户部山古民居 hù bù shān gǔ mín jū
フウブウシャングウミィンジィウ［★★★］

戸部山に位置する明清時代の民居400あまり、民国時代の民居700をあわせて戸部山古民居と呼び、山頂へ向かって階段が伸びる。これらの建築群は、江蘇省や山東省、安徽省、河南省などから影響を受けた南北融合様式をもつ。明代の1624年、徐州戸部分司の主事、張璇が洪水から逃れるために、官僚機構をこの山の台頭寺の聚奎堂に遷したことをきっかけに官吏や郷紳、商人たちが暮らすようになった（戸部分司は運糧や税務をつかさどる業務で、清朝康熙帝時代に廃止され

【地図】戸部山

【地図】戸部山の ［★★★］
- ☐ 戯馬台 戏马台 シイマアタァイ
- ☐ 戸部山古民居 户部山古民居 フウブウシャングウミィンジィウ

【地図】戸部山の ［★★☆］
- ☐ 彭城路 彭城路 パンチャアンルウ
- ☐ 崔家大院 崔家大院 ツゥイジィアダアユゥエン
- ☐ 徐州旧城 徐州旧城 シュウチョウジィウチャアン

【地図】戸部山の ［★☆☆］
- ☐ 戸部山文化市場 户部山文化市场 フウブウシャンウェンフゥアシイチャァン
- ☐ 馬市街 马市街 マアシイジエ
- ☐ 馬市街SHA湯 马市街SHA汤 マアシイジエシャアタァン
- ☐ 徐州民俗博物館 徐州民俗博物馆 シュウチョウミィンスウボオウグゥアン
- ☐ 鄭家大院 郑家大院 チェンジィアダアユゥエン
- ☐ 権謹牌坊 权谨牌坊 チュエンジィンパァイファン
- ☐ 快哉亭公園 快哉亭公园 クゥアイザァイティンゴォンユゥエン

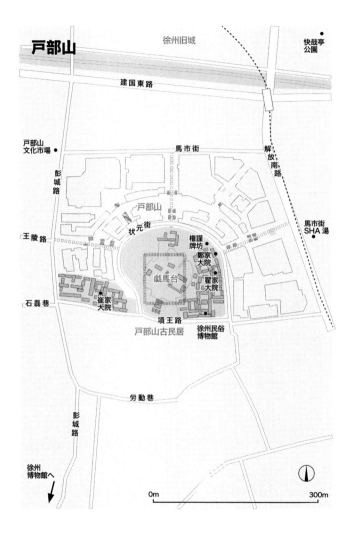

CHINA
江蘇省

た。戸部山という名前は戸部分司に由来する)。そのため、「窮北関、富南関（貧しい者は北関に、裕福な者は南関に暮らす）」と言われ、ここに邸宅を構えることが社会的地位と裕福の象徴となり、人びとは競うように家を建てた。戸部山を囲むように状元街がぐるりと走り、「鄭家大院」「翟家大院」「余家大院」「劉家大院」「張家大院」「李家大楼」「閻家院」「魏家園」「孟家園」「春香閣」などが残る。

【MEMO】

Xu Zhou

戸部山鑑賞案内

江蘇省

崔家大院 崔家大院
cuī jiā dà yuàn ツゥイジィアダアユゥエン [★★☆]

崔家大院（翰林）は、清代に何人もの科挙合格者を出した名門一族崔氏の邸宅跡。祖籍のある山東省鄧城から徐州に移住してきた崔氏は、乾隆年間（1735～95年）にこの大院を建て、道光年間（1820～50年）に崔燾が拡張した。崔燾は1829年に進士となって翰林院に入り、河南省の官吏などを歴任したことから、「翰林」の名でも知られる。下院、上院、客屋院からなる四合院の様式をもち、牌坊、祠堂、仏堂、花庁、鴛鴦楼、后花園などが位置し、なかでも崔燾が生まれた場所

▲左　レンガの四合院建築が続く戸部山。　▲右　翰林の額がかかった崔家大院

に2層からなる高さ6.7mの翰林楼が立つ（320あまりの間がある）。

徐州民俗博物館 徐州民俗博物馆 **xú zhōu mín sú bó wù guǎn** シュウチョウミィンスウボオウウグゥアン　[★☆☆]

余家大院と翟家大院をあわせた古民居群を利用して開館している徐州民俗博物館。北方の素朴さと、南方の美しさをかねそなえた戸部山建築の代表格で、夏はよりすずしく、冬はより温かく過ごせるのだという。余家大院（徐州戸部分司署）は1415年（明の永楽帝時代）に建立され、その中院に明代

CHINA
江蘇省

の戸部分司が滞在した（1624年、徐州旧城から戸部山に遷って南北運河に関する財政事務などを担当した）。余家大院西院は地形を利用して展開し、120の間がある。一方、翟家大院は徐州の文人が集まる場所でもあり、高さ7.5mの鴛鴦楼はじめ、38の間、庭園が残る。これら余家大院と翟家大院をあわせた徐州民俗博物館には、民間工芸、戯曲、婚礼などの展示がされている。

鄭家大院 郑家大院
zhèng jiā dà yuàn チェンジィアダアユゥエン［★☆☆］
鄭家大院は、清代同治年間（1861〜75年）に建てられた鄭氏一族の邸宅で、南方と北方のふたつの様式をかねる（かつてこの場所に古廟があった）。地形を利用した複雑な空間をもち、北院は上下二進院、南院は二進四院からなり、48の間で構成される。敷地内には樹齢200年の銀杏の木も残る。

CHINA
江蘇省

権謹牌坊 权谨牌坊
quán jǐn pái fāng チュエンジィンパァイファン [★☆☆]

戸部山北側に残る親孝行者の権謹がまつられた権謹牌坊（権家牌坊とも権氏祠堂ともいう）。徐州人の権謹は教師の父を早くになくし、母を助けながら、勉学にはげんで科挙に合格した。20年にわたって宮仕えをしたが、病となった80歳の母のために、官吏をやめ、徐州に戻って母の面倒を見た。こうした権謹の儒教的美徳（「権謹忠孝美徳」）を明の宣徳帝（在位1425～35年）が表彰し、権謹牌坊が建てられた。屋根のそり返った見事な2層のたたずまいを見せる。

▲左　壁面に刻まれた装飾、黒屋根と瓦当が印象的。　▲右　その儒教的美徳がたたえられた権謹牌坊

徐州の民間芸術

北方の要素と南方の要素のあわさった民間芸術が育まれてきた江蘇省徐州。弦楽器の伴奏にあわせ、節をつけて演じる「徐州琴書」は南方よりも山東琴書のものに近い(「琴書」こと「坐腔揚琴」は江蘇省、山東省、河南省の省境あたりで生まれた)。また漢代からの伝統がある香木をいれた「香包(匂い袋)」には、南の江南の刺繍工芸が見える。1枚の紙を切って花や吉祥文様を表現する「剪紙」、楚漢戦争でも使われたという凧揚げの「凧」、「版画」や「年賀」など、徐州は豊かな民間工芸で知られる。

Guide,
Yun Long Shan
雲龍山
城市案内

徐州を代表する景勝地として
古くから知られてきた雲龍山
乾隆帝が南巡の際に身をおいた行宮も残る

徐州博物館 徐州博物馆 xú zhōu bó wù guǎn
シュウチョウボオウウグゥアン［★★☆］

徐州博物館は雲龍山の北麓に位置し、その広大な敷地内には「漢代採石場遺址」「乾隆行宮」「土山後漢彭城王墓（范増墓）」をふくむ。新石器時代、彭祖が封じられた殷末、項羽と劉邦の戦い、楚国のあった漢代、明清時代と5000年の歴史をもつ徐州に関する幅広い展示が見られる（4800点以上を収蔵）。兵家必争の地とされた徐州近郊で出土した兵器を集めた「金戈鉄馬」、漢代楚国の遺品の「漢室遺珍」、漢代の玉器をならべた「天工漢玉」、徐州の兵馬俑こと「俑偶華彩」、南北朝か

【地図】雲龍山

【地図】雲龍山の ［★★★］
- ☐ 戯馬台 戏马台 シイマアタァイ
- ☐ 戸部山古民居 戸部山古民居 フウブウシャングウミィンジィウ

【地図】雲龍山の ［★★☆］
- ☐ 徐州博物館 徐州博物馆 シュウチョウボオウウグゥアン
- ☐ 彭城路 彭城路 パンチャアンルウ
- ☐ 崔家大院 崔家大院 ツゥイジィアダアユゥエン

【地図】雲龍山の ［★☆☆］
- ☐ 乾隆行宮 乾隆行宫 チィアンロォンシィンゴォン
- ☐ 土山後漢彭城王墓（范増墓）土山彭城王后墓 トゥシャンパンチャァンワァンホウムウ
- ☐ 雲龍山 云龙山 ユンロォンシャン
- ☐ 放鶴亭 放鹤亭 ファンハアティン
- ☐ 興化寺 兴化寺 シィンフゥアスウ
- ☐ 中山路 中山路 チョンシャンルウ

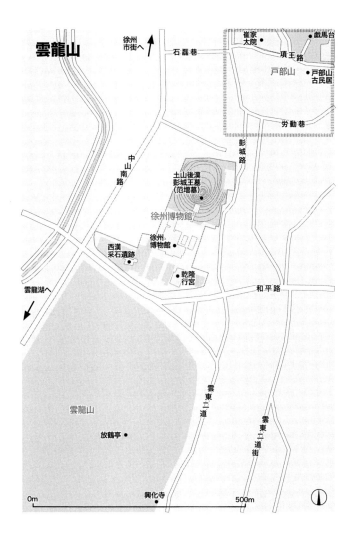

CHINA
江蘇省

ら清代にいたる陶磁器や金銀銅器を集めた「史河流韻」、清代の調度品の「清式家具」、徐州人鄧永清収蔵の「鄧永清収蔵書画展」などからなる（墓室におかれる「俑」という人形は、死後の世界で主の身のまわりの世話をするという意味がある）。また劉向・劉歆といった儒者、劉知幾、白居易、韓愈、蘇東坡、文天祥、岳飛といった文人の集まった徐州では豊富な帖園、碑刻や書画も残る（蘇東坡の行書「前赤壁賦」、岳飛の行書「前出師表」「後出師表」が知られる）。徐州博物館は、2012年に現在の姿となった。

▲左　清朝皇帝がここを仮住まいとした、乾隆行宮。　▲右　徐州5000年の歴史にふれる徐州博物館

乾隆行宮 乾隆行宮 qián lóng xíng gōng
チィアンロォンシィンゴォン ［★☆☆］

清朝第6代乾隆帝（在位1735〜95年）が北京から江南へ南巡するにあたって、「仮の住まい（行宮）」をおいた乾隆行宮。北方の満州族を出自とする清朝皇帝は、江南の食、風光明媚な庭園、自然を愛し、民情視察と皇帝の威光を示すためにしばしば南方へおもむいた。この南巡は北京から、京杭大運河を通って蘇州、杭州へと向かうのが一般的だったが、その途上に皇帝のための行宮および庭園が整備され、乾隆帝は5度の南巡のうち、4度、徐州を訪れている（乾隆帝22年、27年、

CHINA
江蘇省

30年、49年)。徐州の乾隆行宮は、旧城南外にそびえる高さ142.9 mの雲龍山の北麓に、1757年、造営され、徐州知府が乾隆帝を迎えた。ときは第4代康熙帝から続く清朝が最高の繁栄を迎えた時代で、乾隆帝は徐州で飲んだ「白南蓮花(お茶)」やスープの「[食它]湯(shá tāng)」を気に入ったという。1957年、この乾隆行宮は徐州博物館となり、現在は清代の行宮が再現され、大殿の幅6.8m、奥行13.3mとなっている。

土山後漢彭城王墓（范増墓）土山彭城王后墓
tǔ shān péng chéng wáng hòu mù
トゥシャンパンチャァンワァンホウムウ ［★☆☆］

徐州博物館の背後に立つ高さ20mほどの土山は、長らく范増墓とされてきたが、土山後漢彭城王墓だと判明した。范増は70歳のときに項梁、項羽の軍師として仕え、秦に亡ぼされた楚国の王の子孫をみつけ、新たに王として擁立させるなど、楚が天下をとるための戦略を立てていった（また劉邦の素質を見抜き、暗殺することを進言した）。秦を破ったあとの鴻門の会以後、項羽に疑われて辞職し、楚の古里（安

CHINA
江蘇省

徽省)への帰途、悪性の腫れものができて病死した。この范増は徐州の人びとに慕われ、長らくこの土山には范増がまつられていると信じられていた。実際、土山が発掘されると、「銀縷玉衣」が出土し、後漢初期の彭城王もしくはその一族の墓であることがわかった(銀縷玉衣は銀の糸でぬいあわせた2600枚の玉片で、遺体を頭から足先までをおおってある)。現在では、遺跡を発掘状態のまま展示する土山後漢彭城王墓として徐州博物館の一角を形成している。

▲左　雲龍山への入口に立つ牌楼。　▲右　長らく范増墓と言われていたが、実は土山後漢彭城王墓だった

雲龍山 云龙山 yún lóng shān ユンロォンシャン ［★☆☆］

徐州旧城の南側にそびえる高さ142mの雲龍山は、古くから文人墨客の遊んだ徐州の景勝地。9つの峰がつくる起伏が龍のように見えるからだとも、反秦戦争のときにのちに皇帝（龍）となる劉邦が身をおいたからだともいう（劉邦は「龍の子」であると自称した）。宋代の蘇東坡（1036〜1101年）がここで詩を詠んだほか、明代以降も多くの文人に愛された。張天翼（1041年〜）の隠遁した「放鶴亭」、仏教寺院「興化寺」に残る北魏時代の「石刻大仏」はじめ、眺めのよい「観景台」などが位置する。

江蘇省

放鶴亭 放鹤亭 fàng hè tíng ファンハアティン ［★☆☆］

「張山人」「雲龍山人」の名でも知られる宋代の張天驥（1041年〜）が庵を結び、隠遁生活をした放鶴亭。張天驥は世俗から離れて雲龍山の自然のなかで暮らし、この草堂で朝、2羽の鶴を放てば、夕方に帰ってきたという話から「放鶴亭」と名づけられた。1077年、徐州官吏となった蘇東坡が雲龍山の張天驥を訪ねてきて、清談を交わし、酒を飲んだという。そのときに詠んだ詩は、『放鶴亭記』として残っている。この建物は張天驥が建立したあと、明清時代を通じて何度も修築されて今にいたる。

興化寺 兴化寺 xīng huà sì シィンフゥアスウ ［★☆☆］

北魏時代の450年、大石仏像が彫られるなど、雲龍山は古くから仏教の聖地であった。笑みを見せるこの大石仏（阿弥陀仏）は「明石仏山」とも呼ばれ、明代の1390年、そのそばに興化寺が建てられた。雲龍山の東麓に鐘鼓楼、粗堂、蔵経楼といった明代の様式を残す伽藍が展開し、明清時代、徐州では大いに仏教が栄えていたという。

江蘇省

徐州と仏教

古代インドのブッダを開祖とする仏教は、シルクロードを通って、前漢(紀元前202〜8年)末に中国に伝わり、後漢(25〜220年)初に洛陽から徐州にも広まったとされる。伝来当初、仏教寺院は「浮屠祠(ブッダの祠)」と呼ばれ、とくに2世紀末の後漢献帝の時代、徐州に建てられた浮屠祠には、重楼が上部へ続く高層化された「中国的ストゥーパ(仏塔)」がそなわっていた。この仏塔は中国でもっとも古い仏塔のひとつで、マウリヤ朝(インド)のアショカ王が世界各地に建てた8万4000の塔のひとつとも言われた。西晋(265

▲左　雲龍山の山上近くで遊ぶ子どもに出合った。　▲右　徐州のランドマークとも言える徐州電視塔

〜316年）から六朝時代（229〜589年）にかけて広く知られていたが、後世になって崩壊した。

燕子楼 燕子楼 yàn zǐ lóu イエンツウロウ ［★☆☆］

唐代の節度使張建封（735〜800年）が建てた楼閣が再現された燕子楼。張建封は788年、徐州に着任してこの地方の治安を回復し、良政を行なった（唐代の徐州には、張建封も好んだポロの競技場があったという）。『燕子楼』を詠んだ白居易はじめ、多くの文人墨客が訪れ、ここで詩を詠んだり、酒を飲んだりした。張建封は燕子楼に愛妾の关盼盼を住まわせ、

CHINA
江蘇省

張建封が徐州官吏のままなくなったあとも、ひとり关盼盼はこの燕子楼で暮らした（張建封を想う300あまりの詩をつくり、やがて絶食して死んだ）。この燕子楼は明代の1593年に重修されたとき旧城北西隅にあり、また清代の1883年には旧城南西隅にあるなど、さまざまな変遷をへて、現在は雲龍公園の一角にたたずむ。回廊をめぐらせ、水辺にのぞむ美しい姿を見せ、北宋詩人陳薦は「侍児猶住水辺楼」（『燕子楼』）と記している。

雲龍山城市案内 | Xu Zhou

徐州電視塔 徐州电视塔 xú zhōu diàn shì tǎ
シュウチョウディエンシイタア［★★☆］

徐州のいたるところから見える高さ200mの徐州電視塔（テレビ塔）。細身の白の尖塔がすらっと伸び、直径21mの球体が浮かぶ。雲龍公園のそばに立ち、南側の雲龍湖からもその姿が確認でき、徐州のランドマークとなっている。

**Guide,
Yun Long Hu**
雲龍湖
城市案内

徐州市街の南西部に広がる広大な雲龍湖
穏やかな湖面をたたえる雲龍湖の周囲には
文教施設がいくつも立っている

雲龍湖 云龙湖 yún lóng hú ユンロゥンフウ ［★★☆］

徐州市街の南西、雲龍山の西側に位置する広大な雲龍湖。もともと黄河の洪水が起こったとき、その調整弁となる沼沢地（石狗湖）だったところで、人の住まないような荒れ地だった（仏教徒やキリスト教徒の墓地があった）。新中国設立後の 1958 年、この沼沢地を浚渫して整備し、徐州有数の景勝地「雲龍湖」へと生まれ変わった。6.5 平方キロの湖面を堤防が横切り、長廊や虹橋のかかる様子が美しい。徐州電視塔が見えるほか、付近には芸術館、音楽庁、図書館をはじめとする文化施設、娯楽施設が集まっている。

【地図】雲龍湖

【地図】雲龍湖の [★★★]
- [ ] 戯馬台 戏马台 シイマアタァイ

【地図】雲龍湖の [★★☆]
- [ ] 徐州電視塔 徐州电视塔 シュウチョウディエンシイタア
- [ ] 雲龍湖 云龙湖 ユンロォンフウ
- [ ] 徐州旧城 徐州旧城 シュウチョウジィウチャアン
- [ ] 彭城広場 彭城广场 パンチャアングゥアンチャアン
- [ ] 徐州博物館 徐州博物馆 シュウチョウボオウグゥアン

【地図】雲龍湖の [★☆☆]
- [ ] 徐州芸術館 徐州艺术馆 シュウチョウイイシュウグゥアン
- [ ] 徐州音楽庁 徐州音乐厅 シュウチョウイィンユエティン
- [ ] 徐州漢画像石芸術館 徐州汉画像石艺术馆 シュウチョウハァンフゥアシィアンシイイイシュウグゥアン
- [ ] 蘇公塔 苏公塔 スウゴォンタア
- [ ] 彭園 彭园 パンユゥエン
- [ ] 中山路 中山路 チョンシャンルウ
- [ ] 雲龍山 云龙山 ユンロォンシャン
- [ ] 燕子楼 燕子楼 イエンツウロウ

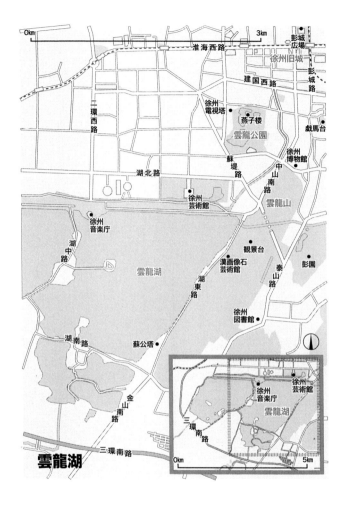

雲龍湖城市案内

江蘇省

徐州芸術館 徐州艺术馆 xú zhōu yì shù guǎn
シュウチョウイイシュウグゥアン ［★☆☆］

雲龍湖を南側にのぞむように立つ徐州芸術館。4階建て、地下1階建てで、「近現代の徐州と中国美術文献展」「中国現代徐州籍書画名家展」「徐州民間収蔵精品展」はじめ、磁器、玉器、青銅器などを収蔵、展示する。また雲龍湖をながめて休憩できるスペースも用意されている。前方の庭園、ピロティなどからなるこの建築は2009年に完成した。

▲左　雲龍湖の周囲には芸術館や音楽庁など大型施設も集まる。　▲右　豊かな水をたたえる雲龍湖、どこまでも湖面が続く

徐州音楽庁 徐州音乐厅 xú zhōu yīn yuè tīng
シュウチョウイィンユエティン ［★☆☆］

雲龍湖に向かって突き出す半島上に立ち、三方を湖面に囲まれた徐州音楽庁。音楽庁、野外演出広場、噴水広場の3つのエリアからなり、クラシック・コンサートや演劇などが催される。また建物は、徐州の市花である「紫薇花」をモチーフとし、8枚の花びらがあわさったようなたたずまいをしている。

江蘇省

徐州漢画像石芸術館 徐州汉画像石艺术馆
xú zhōu hàn huà xiàng shí yì shù guǎn シュウチョウハァンフゥアシィアンシイイイシュウグゥアン [★☆☆]

項羽との楚漢戦争に勝利した劉邦は、皇帝（高祖）に即位し、漢王朝（紀元前202〜220年）を開いた。自らの故郷沛県に近い徐州には、劉一族の王が統治する楚国がおかれ、以来、徐州はその都となった。徐州近郊には、漢代の陵墓が残っているが、当時、陵墓は地下宮殿に見立てられ、石室の壁などに刻まれた彫刻芸術を漢画像石と呼ぶ。徐州漢画像石芸術館は、漢代陵墓の神道にほられた彫刻の「神道天路」、陵墓建

Xu Zhou

雲龍湖城市案内

築を再現した「祠堂敬祖」、漢代の浮き彫りを集めた「天工神韻」、地下宮殿を再現した「千秋地宮」、牛耕図、紡織図、騎馬出行図、宴舞図、雑技図などが見られる「漢石春秋」、漢代の碑刻の「刻銘題記」からなる。徐州は漢画像石が集中的に残る場所として知られ、1952年以来、発掘が進み、徐州郊外の30か所から漢画像石が出土し、徐州漢画像石芸術館ではその収蔵と研究を行なっている。

江蘇省

蘇公塔 苏公塔 sū gōng tǎ スウゴォンタア［★☆☆］

雲龍湖東南部の小金山に立ち、湖面に映える美しいたたずまいを見せる蘇公塔。宋代、徐州の官吏をつとめた蘇東坡(1036〜1101年)を記念して建てられた。5層8角のプランをもち、高さは22mになる。

Guide, Xu Zhou Nan Fang
徐州南部城市案内

CHINA
江蘇省

徐州市街の南部にはゆったりとした緑地の彭園
また中華人民共和国建国への道筋をつくった淮海戦役
の死者をまつる淮海戦役烈士紀念塔が位置する

彭園 彭园 péng yuán パンユュエン ［★☆☆］

徐州南部、雲龍山の東麓に位置する伝説の仙人彭祖にまつわる彭園。園内には、高さ4.6m、重さ20.4トンの「彭祖像」、彭祖をまつった「彭祖祠」、高さ18m、3層からなる「大彭閣」など彭祖ゆかりの景勝地が点在する。この彭祖は顓頊の孫で殷末に生き、不老長生の術を心得ていたため、そのころには800歳ほどになっていた。さまざまな丹薬をつくって、800歳になっても若々しく、安静を好み、名声を気にせずに生きたと伝えられる。彭園は「不老潭景区」「名人文化景区」「桜花林景区」「徐州動物園」「徐州游楽園」などからなり、四季

折々の美しい自然を見せる。彭祖を記念して1985年に入ってから整備された。

彭祖とは

彭氏は祝融の後裔の八姓のひとつで、夏と殷（紀元前17、16〜前11世紀）に仕え、彭祖は殷の大夫であった顓頊の孫とされる。殷末、諸侯の長として徐州の地に封じられ、この大彭氏国は、現在の徐州西郊外の大彭山の麓にあったという。彭祖は800歳になっても若々しく、名声を気にせず、安静を好み、外見をかざらず、肉桂や霊芝（キノコ）を常食とした。

【地図】徐州南部

【地図】徐州南部の [★★★]
- 戯馬台 戏马台 シイマアタァイ

【地図】徐州南部の [★★☆]
- 雲龍湖 云龙湖 ユンロォンフウ
- 徐州電視塔 徐州电视塔 シュウチョウディエンシイタア
- 徐州博物館 徐州博物馆 シュウチョウボオウウグゥアン
- 徐州旧城 徐州旧城 シュウチョウジィウチャアン
- 彭城路 彭城路 パンチャアンルウ

【地図】徐州南部の [★☆☆]
- 彭園 彭园 パンユゥエン
- 奎山公園 奎山公园 クイシャァンゴォンユゥエン
- 淮海戦役烈士紀念塔 淮海战役烈士纪念塔 フゥアイハァイヅャンイイリイシイジイニィエンタア
- 雲龍山 云龙山 ユンロォンシャン
- 放鶴亭 放鹤亭 ファンハアティン
- 興化寺 兴化寺 シィンフゥアスウ
- 燕子楼 燕子楼 イエンツウロウ
- 徐州漢画像石芸術館 徐州汉画像石艺术馆 シュウチョウハァンフゥアシィアンシイイイシュウグゥアン
- 中山路 中山路 チョンシャンルウ
- 徐州古城壁 徐州古城墙 シュウチョウグウチャァンチィアン
- 徐州黄河故道 徐州黄河故道 シュウチョウフゥアンハアグウダァオ

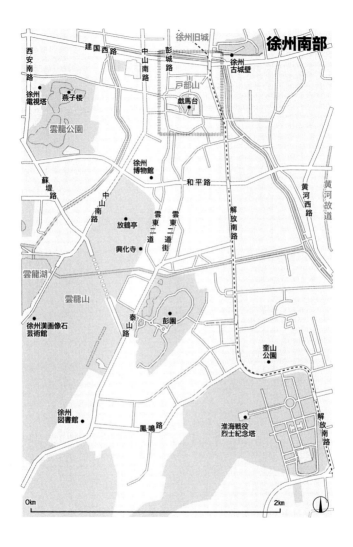

CHINA
江蘇省

　長生きする秘訣は、金丹を服用すること、精力を養うこと、薬草を服用すること、節制し欲望を開放・抑制（房中術）することにあるとした。彭祖が封じられたことで徐州の街ははじまったと言われ、街名の彭城も彭祖にちなむ。春秋戦国時代には彭祖伝説が定着し、800歳という年齢は、彭祖個人ではなく、大彭氏国の続いた期間とする説もある。房中術の祖、気功の祖、中華料理の祖とも見られ、彭祖の墓や彭祖廟は北魏の6世紀初頭以前には存在していたという。

奎山公園 奎山公园 kuí shān gōng yuán
クイシャァンゴォンユゥエン ［★☆☆］

徐州南郊外に広がり、市民の憩いの場となっている奎山公園。かつて奎山には明代建立の高さ60mの奎山塔が立ち、徐州のシンボルでもあったが、20世紀に入って倒壊した。

淮海戦役烈士紀念塔 淮海战役烈士纪念塔
huái hǎi zhàn yì liè shì jì niàn tǎ フゥアイハァイヅャンイイリイシイジイニィエンタア ［★☆☆］

国民党との国共内戦（1927～37年、1946～49年）に勝利した毛沢東（1893～1976年）ひきいる中国共産党は、1949

CHINA
江蘇省

年に中華人民共和国を建国した。この国共内戦で決定的な局面をつくったのが、1948年11月6日から翌1949年1月10日に行なわれた淮海戦役で、徐州を中心に江蘇省、安徽省、河南省に渡って60万の共産党軍が、80万の国民党軍を壊滅させ、徐州一帯を制圧した。淮海戦役烈士紀念塔はこの戦いで生命を落とした兵士をまつるため、1965年、鳳凰山の東麓に建てられた。花崗岩製の塔の高さは38.15mになり、淮海戦役烈士紀念塔の文字は毛沢東の手による。敷地内には「淮海戦役紀念館新館」「淮海戦役総前委群彫」も見られる。

▲左　雲龍山の麓に彭園は整備された。　▲右　徐州と戦争、報道機関もそれを伝えてきた

国共内戦の命運をわけた淮海戦役

日中戦争後の中国では、国共内戦（1946〜49年）の激しい戦いが続き、当初、蔣介石（1887〜1975年）の国民党が主導権をにぎり、兵員数も、装備も、国民党が優勢だった（北京、石家荘、開封、徐州などの主要地域や鉄道は国民党にしめられ、共産党は延安や太行山脈などの丘陵地帯を根拠地としていた）。しかし、国民党の内紛と腐敗や、毛沢東（1893〜1976年）ひきいる共産党軍の士気の高さもあって、形勢は逆転し、淮海戦役、遼瀋戦役、平津戦役という三大戦役の勝利で、共産党軍の優勢は確固たるものになった。とくに淮

CHINA
江蘇省

海戦役では、60万の共産党軍と80万の国民党軍という大規模な戦闘が徐州をめぐって行なわれ、南北交通の要衝である徐州の陥落は、国民党にとって国土の半分を維持できないことを意味した。首都南京までわずかにせまった共産党に対して、蒋介石の国民党は台湾へ逃れることになった。

顯紅島 显红岛 xiǎn hóng dǎo シィエンホォンダオ [★☆☆]
旧黄河河道の浮かぶ中洲の顯紅島。ここは蘇東坡（1036～1101年）の徐州官吏時代、黄河決壊による洪水にあたって、蘇東坡の娘蘇姑が自らの身を犠牲にして徐州の人びとを救っ

た場所だとされる（実際には蘇姑は病死したという）。島には紀念碑が立つ。

漢橋 汉桥 hàn qiáo ハァンチャオ [★☆☆]

旧黄河河道にかかり、橋の両岸部分には、対になった漢闕式大門が立つ漢橋。この「漢闕」は漢代（紀元前202〜220年）、門の役割を果たした象徴的建築で、また橋の出入り口部分には石豹が鎮座し、橋の欄干には白大理石の獅子像がずらりとならぶ。1999年に竣工した。

Guide,
Shi Zi Shan
獅子山
城市案内

印章や兵馬俑坑、獅子山からは

漢の楚国の王墓が出土し

徐州漢文化景区として整備されている

徐州漢文化景区（獅子山漢楚王墓）徐州汉文化景区
xú zhōu hàn wén huà jǐng qū
シュウチョウハァンウェンフゥアジィンチュウ ［★★☆］

徐州市街中心部から南東4kmに位置する標高61mの獅子山。1984年、工場の従業員によって偶然、漢代の兵馬俑が発見され、ここが漢代の王墓であることが判明した。漢代、徐州には劉邦の一族が封じられ、この獅子山漢墓は第3代楚王劉戊（〜紀元前154年）のものとされる。陵墓は獅子山をうがって造営された地下宮殿で、南北117m、東西17.2m、深さは16m（王の死後の住居と考えられた）。王墓の周囲に、兵俑坑、

【地図】獅子山

【地図】獅子山の [★★☆]
- ☐ 徐州漢文化景区（獅子山漢楚王墓）徐州汉文化景区 シュウチョウハァンウェンフゥアジィンチュウ
- ☐ 徐州旧城 徐州旧城 シュウチョウジィウチャアン

【地図】獅子山の [★☆☆]
- ☐ 和平大橋 和平大桥 ハァピンダアチャオ
- ☐ 彭祖楼 彭祖楼 パンツウロウ
- ☐ 徐州国際会展中心 徐州国际会展中心 シュウチョウグゥオジイフゥイヂャンチョンシィン
- ☐ 顯紅島 显红岛 シィエンホォンダオ
- ☐ 漢橋 汉桥 ハァンチャオ
- ☐ 徐州黄河故道 徐州黄河故道 シュウチョウフゥアンハァグウダァオ
- ☐ 徐州駅 徐州站 シュウチョウヂヤン
- ☐ 子房山 子房山 ヅウファンシャァン
- ☐ 徐州古城壁 徐州古城墙 シュウチョウグウチャアンチィアン
- ☐ 淮海戦役烈士紀念塔 淮海战役烈士纪念塔 フゥアイハァイヅャンイイリイシイジイニィエンタア

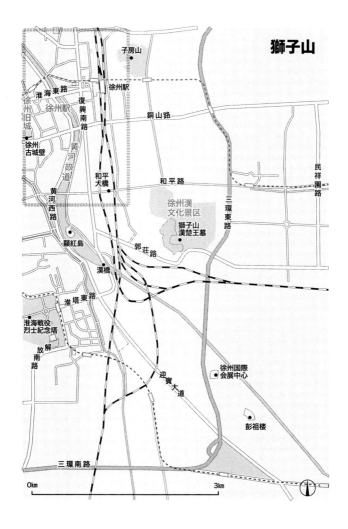

獅子山城市案内

CHINA
江蘇省

陪葬墓、車馬器坑が位置し、1576枚の玉片を金の糸でつないだ長さ175㎝、幅68㎝の「金縷玉衣」、歩兵、騎兵の姿をした2000を超す「兵馬俑」、17万6000枚もの「銅銭」はじめ、龍の彫刻をほどこした「玉器」「金器」「銀器」「青銅器」「鉄器」「漆器」「土器」「骨器」が出土した。とくに「俑」という人形は死後の世界で主の身のまわりの世話をすると考えられ、漢代徐州の俑は秦の始皇帝の兵馬俑坑とは雰囲気が異なることが特筆される。現在は「獅子山楚王陵」「漢兵馬俑博物館」「漢文化交流中心」「劉氏宗祠」「竹林寺」から構成される徐州漢文化景区となっている。

Xu Zhou

獅子山城市案内

漢代にあった楚の国

楚の項羽（紀元前 232 〜前 202 年）と、漢の劉邦（紀元前 247 〜前 195 年）の戦いは、「半独立の王がいる封建制（東の楚）」と「中央集権の郡県制（西の漢）」の戦いでもあったと言われる。この楚漢戦争に勝利した劉邦（高祖）は、漢王朝を樹立し、徐州を都とする楚国には自らの異母兄弟である初代劉交（在位紀元前 201 〜前 179 年）を封じた（それまで韓信が楚国王だった）。以来、第 2 代劉郢（在位紀元前 178 〜前 175 年）、第 3 代劉戊（在位紀元前 174 〜前 154 年）と 13 代の楚王、5 代の彭城王へと続き、楚国は独自の官僚機構

CHINA
江蘇省

をもつ半独立国のようであった。これら楚国の王たちの陵墓は、徐州戯馬台を囲むように丘陵地帯に点在する。獅子山に眠る第3代劉戊は、地方王国の力をそごうとした漢の朝廷に対する呉楚七国の乱（紀元前154年）の中心人物でもあった。この第3代劉戊に対し、楚国の王族たちは自殺をすすめ、生命とひきかえに西安の皇帝に許しをえたという。やがて漢の武帝（紀元前156～前87年）の時代ごろまでに、封建制は廃止されていき、中央集権体制が確立した。

▲左　漢墓、漢画像石、漢兵馬俑が漢代三絶。　▲右　徐州郊外に再建された彭祖楼

和平大橋 和平大桥
hé píng dà qiáo ハアピンダアチャオ　[★☆☆]

徐州駅から南に 2.5 kmの地点、京滬鉄道と黄河故道をまたいで東西を結ぶ和平大橋。長さは 978m で、高さ 100.5m の塔が橋をつりあげる。和平大橋西側の徐州旧城と、東側の徐州新城区、高速鉄道の徐州東駅を結ぶ。

彭祖楼 彭祖楼 péng zǔ lóu パンツウロウ　[★☆☆]

不老長生の術を心得ていた殷末の仙人彭祖は、800 歳でも若々しく、徐州（大彭氏国）に封じられたという。古くはこ

CHINA
江蘇省

の彭祖をまつる廟が徐州城外にあったが、519年、徐州子城の北東隅に遷され、以後、彭祖楼は徐州を彩る楼閣として知られた。現在の彭祖楼は、徐州南東郊外に新たに建てられたもので、黄色の屋根瓦でふかれた堂々としたたたずまいを見せる。雉羹スープで堯を救った中華料理の始祖彭祖にちなむ「淮海食品城彭祖楼(淮海食品城飲食文化村)」、房中術の祖とされ、欲望の開放と抑制を長生の秘訣とした彭祖にまつわる「徐州性文化博物館」、「徐州文化産業園」などから構成される。

徐州国際会展中心 徐州国际会展中心
xú zhōu guó jì huì zhǎn zhōng xīn
シュウチョウグゥオジイフゥイヂャンチョンシィン［★☆☆］

徐州旧城の南東郊外に位置する新市街に立つ徐州国際会展中心。14万平方メートルの広大な敷地に、会議室、ホールなどが集まり、徐州でのビジネスや商取引の見本市、大型イベントが開催される。2000年に完成した。

Guide,
Xu Zhou Jiao Qu
徐州郊外
城市案内

CHINA
江蘇省

丘陵に囲まれた砦のような徐州
徐州郊外には漢代の陵墓が点在し
手狭になった旧城から離れて新市街の開発も進む

徐州新城区 徐州新城区 xú zhōu xīn chéng qū
シュウチョウシンチャンチュウ [★☆☆]

徐州旧城から南東に12km、計画的な街区をもつ徐州新城区。2004年から建設がはじまり、環境に配慮して緑地が充分にとられている。大龍湖ほとりの中茵広場はじめ、金融、商業、科学研究などの企業の入居する高層ビル、また高級住宅が続き、徐州奥林匹克体育中心も位置する。

京杭大運河 京杭大运河
jīng háng dà yùn hé ジィンハァンダアユンハア [★☆☆]

豊かな江南（杭州）から糧米を北京へ運ぶために開削された全長1794kmの京杭大運河。万里の長城とならぶ中国二大土木工事のひとつで、世界遺産にも指定されている。春秋戦国時代から各地にあった運河を610年、隋の煬帝がつなぎあわせて京杭大運河が完成した。当初は西安に向かって伸びていたが、元代の1289年に徐州を通って北京へ向かう運河が整備された。しかし、徐州南に徐州洪、呂梁洪のふたつの難所があったため、明代、新たに徐州の東側、北側をとおるルー

【地図】徐州郊外

【地図】徐州郊外の [★★★]
- [ ] 戯馬台 戏马台 シイマアタァイ

【地図】徐州郊外の [★★☆]
- [ ] 徐州漢文化景区（獅子山漢楚王墓）徐州汉文化景区 シュウチョウハァンウェンフゥアジィンチュウ
- [ ] 彭城広場 彭城广场 パンチャアングゥアンチャアン
- [ ] 雲龍湖 云龙湖 ユンロォンフウ

【地図】徐州郊外の [★☆☆]
- [ ] 徐州新城区 徐州新城区 シュウチョウシィンチャンチュウ
- [ ] 京杭大運河 京杭大运河 ジィンハァンダアユンハア
- [ ] 北洞山漢墓群 北洞山汉墓群 ベイドォンシャンハァンムウチュン
- [ ] 九里山 九里山 ジィウリイシャン
- [ ] 亀山漢墓 龟山汉墓 グイシャンハァンムウ
- [ ] 彭祖楼 彭祖楼 パンツウロウ
- [ ] 徐州黄河故道 徐州黄河故道 シュウチョウフゥアンハアグウダァオ
- [ ] 徐州駅 徐州站 シュウチョウヂヤン

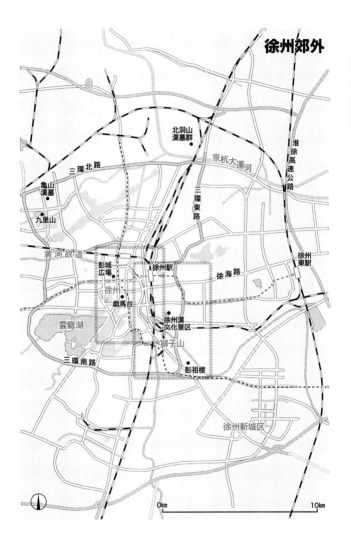

CHINA
江蘇省

ト(現在の京杭大運河)が開削され、成化年間(1464〜87年)になると大運河からはずれた徐州の漕運は低下し、徐州の大商人は他の場所へ移っていったという。明清時代、皇帝のいる北京へ、この京杭大運河を通って糧米や物資が運ばれるなど、京杭大運河は中国経済の大動脈であったが、近代になって鉄道の開通とともに役割を終えた。なお徐州から東に70km離れた邳州はじめ、京杭大運河沿いに徐州港が整備されている。

北洞山漢墓群 北洞山汉墓群 **běi dòng shān hàn mù qún**
ベイドォンシャンハァンムウチュン ［★☆☆］

京杭大運河の北側、茅村鎮洞山村に残る漢代陵墓群のひとつ北洞山楚王墓（漢代の陵墓は、中国全土のなかでも徐州に集中して残る）。標高54mの石炭岩の丘陵南斜面にうがたれ、長さ45m、幅3、4mの回廊が伸び、地下宮殿の様相を呈している。北洞山陵墓は盗掘されていたものの、423体の彩絵陶俑（兵馬俑のように、側仕えの人々が彫像化された）、玉片、鉄剣、52640枚の銅銭が出土して、当時の生活や文化が確認された。

CHINA
江蘇省

九里山 九里山 jiǔ lǐ shān ジィウリイシャン ［★☆☆］

徐州旧城北西に広がり、東西に9里続くことからこの名前がつけられた九里山（高さ143m）。ちょうど徐州を守る天然の要害となっていて、この九里山をおさえることが徐州攻防の勝敗を左右した。項羽と劉邦の戦いで劉邦を勝利に導いた「国士無双」韓信（〜紀元前196年）がここで「十面埋伏の計」をもちい、山中に伏兵をおいて楚軍を大破したと言われ、「九里山古戦場遺址」も残る。

▲左 小吃の漢堡鶏肉巻を売る店、徐州の街角にて。 ▲右 高鉄の徐州東駅、徐州市街からは離れているが北京や上海へ行くときには重宝する

亀山漢墓 龟山汉墓 guīshānhànmù グイシャンハァンムウ [★☆☆]

徐州北郊外、標高73mの丘陵に残る亀山漢墓。劉邦（紀元前247〜前195年）は漢を建国すると、自らの一族劉姓を王として各地に封じ、徐州には楚国があった（徐州を都とする半独立国で、12代続いた）。この亀山漢墓は、1981年、地元の人によって「発見」され、第6代楚王劉注（紀元前128〜前116年）夫妻の合葬墓であることがわかった。石灰石の山全体が宮殿に見立てられ、奥行き56mの陵墓には、南側に劉注、北側に夫人が埋葬されている。劉注の棺室内にある影が、「拱手をした老人」のように見えることでも知られる。

Guide, Pei Xian
沛県
城市案内

沛県は漢の高祖こと劉邦の故郷
蕭何、樊噲といった功臣たちの出身地でもあり
漢王朝揺籃の地と言える

沛県 沛县 pèi xiàn ペイシィエン ［★★☆］

徐州から北西60km、微山湖の西岸に位置し、山東省、安徽省、河南省にもほど近い沛県（微山湖は山東省）。春秋戦国時代、宋の領土だったが、やがて斉（山東）、南方の楚の領土となり、楚文化のおよぶ最北端の地でもあった。とくに項羽との戦いに勝利した劉邦（紀元前247〜前195年）こと漢の高祖の出身地「千古龍飛地」と知られ、漢代を通じて特別視されていた。その後、隋唐以降は徐州に属することが多く、明清時代も徐州府を構成していた。こうしたなか、京杭大運河の運搬や警護にたずさわる者も多く、「習文尚武」の気風が育ち、多く

CHINA
江蘇省

の武術がここ沛県で育まれた。劉邦を支えた蕭何、樊噲といった漢建国の功臣が沛県人であるほか、三国時代の曹操は沛県から遠くない譙県人(沛国西部)、また明の朱元璋も沛県を祖籍とする(そのため沛県は「帝王将相郷」とも呼ばれる)。街には漢代ゆかりの史蹟が残り、小麦や果樹の栽培も盛んに行なわれている。

泗水亭 泗水亭 sì shuǐ tíng スウシュイティン [★☆☆]
秦末、沛県出身の劉邦(紀元前247〜前195年)が亭長をつとめていた泗水亭。当時、黄河と淮河を結ぶ泗水は、人、も

Xu Zhou

沛県城市案内

のが往来する流通の大動脈で、十里ごとに宿停がもうけられていた。劉邦は泗水亭に勤務し、この地方の治安を担当した警察（下級官吏）で、荒くれ者たちのリーダー的存在でもあった（中原から離れた沼沢地の沛県界隈には、群盗や難民たちが集まっていた）。あるとき、劉邦は秦の驪山陵造営のために囚人を引率することになったが、その途上で逃亡者が多く出てしまい、劉邦もそのまま亡命して群盗となった。当時、旧楚国の沛県、徐州界隈では陳勝・呉広の乱、項梁・項羽などの蜂起をはじめ、秦に対する反乱が各地で起こっていて、紀元前209年、劉邦もまた沛県の人たちと挙兵して反秦に立

【地図】徐州〜沛県

【地図】徐州〜沛県の [★★★]
- 戯馬台 戏马台 シイマアタァイ

【地図】徐州〜沛県の [★★☆]
- 沛県 沛县 ペイシィエン

【地図】徐州〜沛県の [★☆☆]
- 徐州駅 徐州站 シュウチョウヂヤン
- 徐州黄河故道 徐州黄河故道 シュウチョウフゥアンハアグゥダァオ

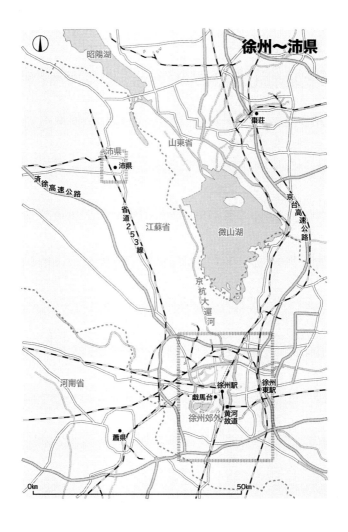

【地図】沛県

【地図】沛県の [★★☆]
- [ ] 沛県 沛县 ペイシィエン
- [ ] 漢城公園 汉城公园 ハァンチャァンゴォンユゥエン
- [ ] 歌風台 歌风台 ガアフェンタァイ

【地図】沛県の [★☆☆]
- [ ] 泗水亭 泗水亭 スウシュイティン
- [ ] 漢高祖原廟 汉高祖原庙 ハァンガァオヅウユゥエンミャオ

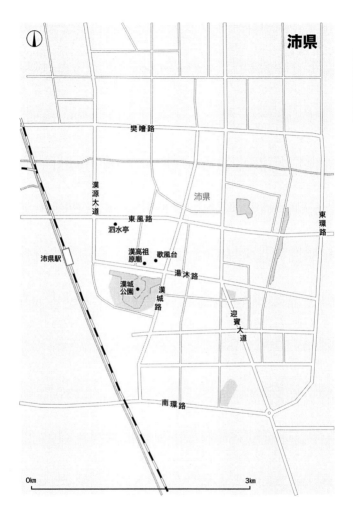

沛県城市案内

CHINA
江蘇省

ちあがり、「沛公」を名乗った（のちに秦は打倒され、項羽と劉邦の戦いへいたる）。現在の泗水亭は2007年に改修されたもので、6角2層の姿を見せ、あたりは泗水亭公園として開放されている。

漢城公園 汉城公园 hàn chéng gōng yuán
ハァンチャァンゴォンユゥエン ［★★☆］

沛県の中心部、漢高祖原廟、歌風台、漢街など、漢代にまつわる景勝地の集まる漢城公園。漢王朝は、紀元前202〜8年の前漢（都西安の西漢）と、25〜220年の後漢（都洛陽の東漢）

Xu Zhou | 沛県城市案内

からなり、この400年のあいだで「漢字という呼びかた」「儒教の国教化」が定着するなど、中国のありかたに大きな影響をあたえた（漢代の人びとは、着物姿、床に正座して生活していたという）。漢城公園には、堂々としたたたずまいの「漢魂宮」、劉邦が故郷にもどって『大風歌』を詠った「歌風台」、漢の劉邦をまつった「漢高祖原廟」はじめ、門の役割を果たす象徴的建築「漢闕」、水辺に続く「長廊」、後漢末の武将呂布の『轅門射戟』ゆかりの「射戟台」などが残る。また北側には青みがかった屋根瓦、白壁の風情ある街並み「漢街」が続き、店舗が集まるあたりはにぎわいを見せている。

江蘇省

歌風台 歌风台 gē fēng tái ガアフェンタァイ [★★☆]

劉邦（紀元前247〜前195年）がその晩年に『大風歌』を詠ったという故事にちなむ歌風台。漢王朝を樹立した劉邦は、劉一族以外の諸侯を滅ぼしていき、紀元前196年、淮南王英布の反乱を鎮圧した。都西安に帰る途中、故郷の沛県に立ち寄り、古くからの知り合いや村の老若男女を集めて連日、酒宴を開いた。そのとき劉邦自ら弦楽器を演奏しながら、故郷を想って詠った自作の詩歌が『大風歌』で、「大風起兮雲飛揚、威加海内兮帰故郷、安得猛士兮守四方」と沛県から皇帝へとのぼりつめた感慨がにじんでいる（劉邦は、淮南王英布の反

▲左　徐州界隈からは漢代の遺構が次々に出土した。　▲右　その器量の大きさが劉邦を皇帝に即位させたという

乱時の傷がもとで、紀元前195年になくなっている)。1982年、沛県政府によって歌風台の整備が進み、高さ26.8m、赤の基壇部分に楼閣が載る堂々としたたたずまいを見せる。また後漢時代の「大風歌碑」、右手に杯を掲げ、左手を剣を手にした「劉邦像」も見える。

CHINA
江蘇省

漢高祖原廟 汉高祖原庙 hàn gāo zǔ yuán miào
ハァンガァオヅウユゥエンミャオ ［★☆☆］

沛県の農民出身で、泗水の亭長から秦に替わる漢王朝を樹立した劉邦（紀元前247〜前195年）こと高祖をまつった漢高祖原廟。劉邦は青年時代を沛県で過ごし、人望に優れ、配下にしたわれたことで、戦闘力に優る項羽（紀元前232〜前202年）に勝利した。劉邦は秦の制度や軍隊を引き継いで西安に都をおき、漢代400年の礎を築いた（中国史において、農民から皇帝となったのは、漢の劉邦と明の朱元璋だけで、ふたりとも沛県にゆかりがある）。この劉邦は全国を平定し、

沛県に立ち寄ったあと、弓の傷がもとで紀元前195年になくなった。死後、西安近郊の長陵にほうむられたが、紀元前190年、劉邦（高祖）を継いだ嫡男の劉盈（景帝）によって、泗水亭の近くに漢高祖原廟が整備された。ここで劉邦への祭祀が行なわれ、歴史を通じていくども再建を繰り返し、現在の姿になった。

武術の故郷

徐州や沛県はじめ、江蘇省北部から山東省南部にかけて、古くから中国武術の伝統が育まれてきた。このあたりの村には

CHINA
江蘇省

武術を学ぶ者が必ずいて、梅花拳、大洪拳、二洪拳、少林拳、西陽拳と多彩な流派が伝わっている。古くから四省の境となってきた沛県は政府（政治）の力がおよびづらく、匪賊や流浪の人が跋扈しやすい土地柄と無関係でなかったという（元代から明代、京杭大運河が徐州、沛県を通るようになると、多くの沛県人が用心棒として運河の警護にあたった）。また自らの身体をきたえあげ、その肉体を武器とし、人びとが結社化（団練）するということも見られた。のちに沛県からほど近い山東省を中心に起こった義和団事件（〜1900年）の義和拳もこうした武術と団練との関わりがある。

城市のうつりかわり

CHINA
江蘇省

海・泰山と淮水との間が徐州である
内陸と海辺、華北平原と江南
さまざまな人や物資が交わる十字路の歩み

古代（〜紀元前3世紀）

徐州は中国でもっとも古い街のひとつで、近郊には旧石器（漁労採集）時代の遺跡、新石器時代の集落跡の大墩子遺跡も残っている。殷（〜紀元前11世紀）末、伝説の彭祖が徐州近郊（大彭山）に封じられたとされ、のちに「彭城」という名前が定着した。その後、周代、紀元前573年に街がつくられ、春秋戦国時代には宋の陪都（副都）で、魏、斉、楚などが争奪を繰り広げたが、紀元前286年以降、楚国のものとなった。この当時から徐州は、隣接する山東の魯と、長江・淮河流域の楚の双方の影響を受けることになった。戦国時代の『尚書・

Xu Zhou　城市のうつりかわり

禹貢』には禹王が定めた九州のうちのひとつに徐州が登場するが、文献にたびたび現れる徐州は必ずしも今の場所にあったわけではなく、絶えず点々としていた（たとえば「徐州で会盟」とあるが、その場所は現在の山東省だった）。また後漢（25〜220年）ごろに寒冷化する以前、徐州の気候は温暖湿潤で、あたりは河川やクリークが縦横に走っていたという。

江蘇省

秦漢、三国時代（紀元前3世紀〜3世紀）

紀元前221年、秦によって中華は統一されたが、始皇帝死後、徐州を中心とする旧楚の各地で秦への反乱が起こった。このとき秦打倒にもっとも成果をあげたのが項羽（紀元前232〜前202年）で、その都は徐州におかれた。一方で、項羽よりも先に秦の都咸陽（西安）入りを果たした劉邦（徐州近くの沛県人）とのあいだで楚漢戦争がはじまった。勝利した劉邦は、紀元前202年、西安を都とする漢王朝を開き、徐州には劉一族の劉交が封じられ、以来、徐州は12代に渡る楚国の都となった（このときの楚国の陵墓が徐州市街をとり囲むよ

▲左　度重なる変遷を繰り返してきた歴史ある都徐州。　▲右　徐州は建築、食、民芸など南北の交差路となってきた

うに残っている)。また後漢(25〜220年)時代、陶謙が徐州の官吏となり、徐州の住民は裕福、穀物も豊かだったため、多くの人がこの街に集まっていたという。後漢から三国時代へ遷るなか、193年、曹操が徐州の陶謙軍を破り、死者は万単位だったと伝えられる(陶謙を劉備玄徳が救い出すなど、徐州は三国志の英雄たちの争奪の場にもなっていた)。後漢末、曹操が徐州刺史がおいたことで、このとき徐州という街名が現れた。

CHINA
江蘇省

南北朝唐宋元（4〜14世紀）

三国時代をへて、華北が北方民族の占領を受けた南北朝時代、徐州は南朝（漢族）と北朝の激しい争奪の場となった。東晋（317〜420年）時代は南朝の領域で、その後、後趙（北朝）の325〜351年、前燕（北朝）の352〜356年、前秦（北朝）の379〜383年と統治者が替わったのち、徐州に祖籍をもつ南朝の隆裕（宋の武帝）が北伐して徐州を奪還し、420〜467年のあいだ徐州は南朝のものとなった。その後、467年、北魏（北朝）が徐州を統治し、その後の578年に南朝の陳が進出、また北朝の北周による支配となり、やがて北朝から出

Xu Zhou 城市のうつりかわり

た隋が中国を統一して、時代は唐へと遷っていった。唐代の631年に徐州城が再建され、807年以後、それまで徐州や彭城と呼ばれていた街名は「徐州」で定着した（唐代には白居易や張建封といった文人、北宋の蘇東坡などの文人が徐州に集まった）。元代、都が北京におかれ、1289年、江南の物資を北京に送るための運河が徐州を通るようになり、運河の街という一面が徐州に加わった。

CHINA
江蘇省

明清中華民国初期（14〜20世紀）

朱元璋が明を樹立し、都が南京におかれると、その北門という性格をもつ徐州城が再建された（はじめは鳳陽府、続いて南直隷に属した）。明代の1624年、黄河の洪水で街は泥で埋もれ、1628年にようやく水がひいたことで、1635年、現在の場所に新たに徐州の街が造営された。このときから徐州は現在につながる街となり、徐州そばを流れていた黄河の旧河道にそうような城壁がめぐらされた（1128〜1855年のあいだ黄河は南流していた）。黄河と運河の交わる街でもあった明清時代の徐州は大いに栄え、清代には徐州府に昇格してい

▲左　徐州市街を行き交うバイク、蘇北を代表する大都市。　▲右　戸部山界隈の趣ある街並み

る。また清代の1797年に徐州旧城が整備され、アヘン戦争（1840〜42年）後の清朝末期には北関城、南関城などが追加されていった。1912年、清朝が滅亡して中華民国が樹立されると、徐州府は廃止され、銅山県となり、その後、徐海道がおかれた。この中華民国初期の混乱のなかで「清朝復辟（ラストエンペラー溥儀を再び皇帝とする）」を支援した張勲はこの徐州を拠点とするなど、軍閥の集まる要地となっていた。

CHINA
江蘇省

近現代（20世紀～）

清朝末期、徐州旧城の東門外に徐州駅がつくられ、徐州は北京と上海を結ぶ京滬線の走る街となった（1928年に徐州旧城の城壁はとり払われた）。また1894年の日清戦争を機に日本の大陸進出が進み、1938年、北と南から徐州をはさみうちにする徐州会戦をへて、日本軍は徐州を占領した。このとき日本人のほか台湾、韓国朝鮮出身者があわせて1万5千人が徐州に暮らし、徐州を訪れた木下杢太郎は「（徐州は）繁錯なる商業市」と記している。また日中戦争後、国共内戦のなかで数十万の兵が徐州をめぐって戦った淮海戦役（1948

Xu Zhou　城市のうつりかわり

〜49年）は共産党の勝利を決定づけた。1949年の中華人民共和国設立直後、徐州は山東省の版図となっていたが、1953年に江蘇省へ編入された。現在、連雲港から徐州を通って、鄭州、西安、ウルムチから中央アジア、そしてオランダのロッテルダムまで続く、ユーラシア大陸をつらぬく「新シルクロード」構想が進み、徐州はその東端近くの要衝となっている。

参考文献

『中国古都研究 第 17 辑』（中国古都学会编 / 三秦出版社）
『今日徐州』（《今日徐州》編委会編 / 三聯書店上海分店）
『徐州风物志』（董治祥・沈华甫・李瑞林著 / 江苏人民出版社）
『美しい中国 江蘇省徐州』（単濤 / 人民中国）
『項羽』（佐竹靖彦 / 中央公論新社）
『劉邦』（佐竹靖彦 / 中央公論新社）
『道教と養生思想』（坂出祥伸 / ぺりかん社）
『白居易の青春と徐州、そして女妖任氏の物語』（静永健 / 中国文学論集）
『中国南北朝時代の"小文化センター"の研究 徐州地区を中心として』（八木春生・小沢正人・小林仁 / 鹿島美術財団年報）
『中国名勝旧跡事典』（中国国家文物事業管理局編 / ぺりかん社）
『蘇東坡詩集』（蘇軾著・小川環樹山本和義編訳 / 筑摩書房）
『徐州の相貌』（今元寿・片山鋭吉 / 大黄河社）
徐州市户部山历史文化街区明清建筑保护中心
http://www.xzmsbwg.com/
『世界大百科事典』（平凡社）
徐州 STAY（ホテル・レストラン情報）
http://machigotopub.com/pdf/xuzhoustay.pdf

まちごとパブリッシングの旅行ガイド
Machigoto INDIA , Machigoto ASIA , Machigoto CHINA

【北インド - まちごとインド】

001 はじめての北インド
002 はじめてのデリー
003 オールド・デリー
004 ニュー・デリー
005 南デリー
012 アーグラ
013 ファテープル・シークリー
014 バラナシ
015 サールナート
022 カージュラホ
032 アムリトサル

【西インド - まちごとインド】

001 はじめてのラジャスタン
002 ジャイプル
003 ジョードプル
004 ジャイサルメール
005 ウダイプル
006 アジメール(プシュカル)
007 ビカネール
008 シェカワティ
011 はじめてのマハラシュトラ
012 ムンバイ
013 プネー
014 アウランガバード
015 エローラ
016 アジャンタ
021 はじめてのグジャラート
022 アーメダバード
023 ヴァドダラー(チャンパネール)
024 ブジ(カッチ地方)

【東インド - まちごとインド】

002 コルカタ
012 ブッダガヤ

【南インド - まちごとインド】

001 はじめてのタミルナードゥ
002 チェンナイ
003 カーンチプラム
004 マハーバリプラム
005 タンジャヴール
006 クンバコナムとカーヴェリー・デルタ
007 ティルチラパッリ
008 マドゥライ
009 ラーメシュワラム
010 カニャークマリ
021 はじめてのケーララ
022 ティルヴァナンタプラム
023 バックウォーター(コッラム~アラップーザ)
024 コーチ(コーチン)
025 トリシュール

【ネパール - まちごとアジア】

001 はじめてのカトマンズ
002 カトマンズ
003 スワヤンブナート

004 パタン
005 バクタプル
006 ポカラ
007 ルンビニ
008 チトワン国立公園

【バングラデシュ - まちごとアジア】

001 はじめてのバングラデシュ
002 ダッカ
003 バゲルハット（クルナ）
004 シュンドルボン
005 プティア
006 モハスタン（ボグラ）
007 パハルプール

【パキスタン - まちごとアジア】

002 フンザ
003 ギルギット（KKH）
004 ラホール
005 ハラッパ
006 ムルタン

【イラン - まちごとアジア】

001 はじめてのイラン
002 テヘラン
003 イスファハン
004 シーラーズ
005 ペルセポリス
006 パサルガダエ（ナグシェ・ロスタム）
007 ヤズド
008 チョガ・ザンビル（アフヴァーズ）
009 タブリーズ

010 アルダビール

【北京 - まちごとチャイナ】

001 はじめての北京
002 故宮（天安門広場）
003 胡同と旧皇城
004 天壇と旧崇文区
005 瑠璃廠と旧宣武区
006 王府井と市街東部
007 北京動物園と市街西部
008 頤和園と西山
009 盧溝橋と周口店
010 万里の長城と明十三陵

【天津 - まちごとチャイナ】

001 はじめての天津
002 天津市街
003 浜海新区と市街南部
004 薊県と清東陵

【上海 - まちごとチャイナ】

001 はじめての上海
002 浦東新区
003 外灘と南京東路
004 淮海路と市街西部
005 虹口と市街北部
006 上海郊外（龍華・七宝・松江・嘉定）
007 水郷地帯（朱家角・周荘・同里・甪直）

【河北省 - まちごとチャイナ】

001 はじめての河北省
002 石家荘
003 秦皇島
004 承徳
005 張家口
006 保定
007 邯鄲

【山東省 - まちごとチャイナ】

001 はじめての山東省
002 青島
003 煙台
004 臨淄
005 済南
006 泰山
007 曲阜

【江蘇省 - まちごとチャイナ】

001 はじめての江蘇省
002 はじめての蘇州
003 蘇州旧城
004 蘇州郊外と開発区
005 無錫
006 揚州
007 鎮江
008 はじめての南京
009 南京旧城
010 南京紫金山と下関
011 雨花台と南京郊外・開発区
012 徐州

【浙江省 - まちごとチャイナ】

001 はじめての浙江省
002 はじめての杭州
003 西湖と山林杭州
004 杭州旧城と開発区
005 紹興
006 はじめての寧波
007 寧波旧城
008 寧波郊外と開発区
009 普陀山
010 天台山
011 温州

【福建省 - まちごとチャイナ】

001 はじめての福建省
002 はじめての福州
003 福州旧城
004 福州郊外と開発区
005 武夷山
006 泉州
007 廈門
008 客家土楼

【広東省 - まちごとチャイナ】

001 はじめての広東省
002 はじめての広州
003 広州古城
004 天河と広州郊外
005 深圳（深セン）
006 東莞
007 開平（江門）
008 韶関
009 はじめての潮汕

010 潮州
011 汕頭

【遼寧省 - まちごとチャイナ】

001 はじめての遼寧省
002 はじめての大連
003 大連市街
004 旅順
005 金州新区
006 はじめての瀋陽
007 瀋陽故宮と旧市街
008 瀋陽駅と市街地
009 北陵と瀋陽郊外
010 撫順

【重慶 - まちごとチャイナ】

001 はじめての重慶
002 重慶市街
003 三峡下り(重慶〜宜昌)
004 大足

【香港 - まちごとチャイナ】

001 はじめての香港
002 中環と香港島北岸
003 上環と香港島南岸
004 尖沙咀と九龍市街
005 九龍城と九龍郊外
006 新界
007 ランタオ島と島嶼部

【マカオ - まちごとチャイナ】

001 はじめてのマカオ
002 セナド広場とマカオ中心部
003 媽閣廟とマカオ半島南部
004 東望洋山とマカオ半島北部
005 新口岸とタイパ・コロアン

【Juo-Mujin(電子書籍のみ)】

Juo-Mujin 香港縦横無尽
Juo-Mujin 北京縦横無尽
Juo-Mujin 上海縦横無尽
見せよう!デリーでヒンディー語
見せよう!タージマハルでヒンディー語
見せよう!砂漠のラジャスタンでヒンディー語

【自力旅游中国 Tabisuru CHINA】

001 バスに揺られて「自力で長城」
002 バスに揺られて「自力で石家荘」
003 バスに揺られて「自力で承徳」
004 船に揺られて「自力で普陀山」
005 バスに揺られて「自力で天台山」
006 バスに揺られて「自力で秦皇島」
007 バスに揺られて「自力で張家口」
008 バスに揺られて「自力で邯鄲」
009 バスに揺られて「自力で保定」
010 バスに揺られて「自力で清東陵」
011 バスに揺られて「自力で潮州」
012 バスに揺られて「自力で汕頭」
013 バスに揺られて「自力で温州」
014 バスに揺られて「自力で福州」
015 メトロに揺られて「自力で深圳」

【車輪はつばさ】
南インドのアイラヴァテシュワラ寺院には建築本体に車輪がついていて寺院に乗った神さまが人びとの想いを運ぶと言います。

・本書はオンデマンド印刷で作成されています。
・本書の内容に関するご意見、お問い合わせは、発行元の
　まちごとパブリッシング info@machigotopub.com までお願いします。

まちごとチャイナ
江蘇省012徐州
〜項羽と劉邦「兵家必争」の地 [モノクロノートブック版]

2017年11月14日　発行

著　者	「アジア城市（まち）案内」制作委員会
発行者	赤松　耕次
発行所	まちごとパブリッシング株式会社 〒181-0013　東京都三鷹市下連雀4-4-36 URL http://www.machigotopub.com/
発売元	株式会社デジタルパブリッシングサービス 〒162-0812　東京都新宿区西五軒町11-13 清水ビル3F
印刷・製本	株式会社デジタルパブリッシングサービス URL http://www.d-pub.co.jp/

MP134

ISBN978-4-86143-268-2 C0326　　　Printed in Japan
本書の無断複製複写（コピー）は、著作権法上での例外を除き、禁じられています。